关注身边生活　演绎精彩历史

——开发利用生活化课程资源优化历史教学

廖寿传　著

广西人民出版社

图书在版编目（CIP）数据

关注身边生活　演绎精彩历史：开发利用生活化课程资源优化历史教学 / 廖寿传著 . — 南宁：广西人民出版社，2021.6
（南宁市特级教师系列丛书）
ISBN 978-7-219-11159-8

Ⅰ . ①关… Ⅱ . ①廖… Ⅲ . ①中学历史课—教学研究 Ⅳ . ① G633.512

中国版本图书馆 CIP 数据核字（2021）第 027132 号

GUANZHU SHENBIAN SHENGHUO YANYI JINGCAI LISHI——KAIFA LIYONG SHENGHUOHUA KECHENG ZIYUAN YOUHUA LISHI JIAOXUE

关注身边生活　演绎精彩历史——开发利用生活化课程资源优化历史教学

廖寿传 著

责任编辑　王　霞
责任校对　周月华　蒋倩华
封面设计　牛广华
版式设计　陈瑜雁
责任排版　梁敏芳

出版发行　广西人民出版社
社　　址　广西南宁市桂春路 6 号
邮　　编　530021
印　　刷　广西民族印刷包装集团有限公司
开　　本　787mm×1092mm　1 / 16
印　　张　9.75
字　　数　160 千字
版　　次　2021 年 6 月　第 1 版
印　　次　2021 年 6 月　第 1 次印刷
书　　号　ISBN 978-7-219-11159-8
定　　价　35.00 元

 序

国兴则教育兴，教育兴则国愈强矣。党的十九大作出了优先发展教育事业、加快教育现代化、建设教育强国的重大部署。在全国教育大会上，习近平同志以教育是国之大计、党之大计"两个大计"高度概括了教育在新时代的重要地位，强调坚持中国特色社会主义教育发展道路，培养德智体美劳全面发展的社会主义建设者和接班人。教育是提高人民综合素质、促进人的全面发展的重要途径，是民族振兴、社会进步的重要基石，是对中华民族伟大复兴具有决定性意义的事业。习近平总书记的重要指示，为做好新时代教育工作提供了根本遵循、指明了前进方向。

师乃立教之本、兴教之源。教师承担着传播知识、传播思想、传播真理的历史使命，肩负着塑造灵魂、塑造生命、塑造新人的时代重任，是教育发展的第一资源，是国家富强、民族振兴、人民幸福的重要基石。进入新时代，必须坚持把教师队伍建设作为基础工作，锻造一支高素质专业化创新型教师队伍，让教师队伍成为建设社会主义现代化强国的重要支撑力量。

多年来，南宁市党委、政府按照自治区党委、政府的统一部署和要求，多措并举，大力推进教育现代化，大力加强教师队伍建设，扎实推进教育各项工作，教育质量明显提升，教育事业

发展取得显著成效，教育研究和实践出现了空前活跃的局面。南宁市涌现出了许许多多的特级教师，他们立足教学实践，着眼学科发展，注重课程建设，在教育理念、教学内容和教学方法等领域进行大胆探索，积极实践，不断进取，取得了不少令人瞩目的成果。

在这样的背景下，出版"南宁市特级教师丛书"，具有非常积极的价值与意义。丛书及时总结南宁市特级教师具有较强针对性、指导性、实用性和可操作性的教育教学经验，将先进理念和前沿信息进行传递和辐射，除了以期解决新课程改革实施以来广大教师遇到的问题和困难，满足广大教师的迫切需要之外，还希冀在教育领域起到专业引领的作用，对形成浓厚的教研氛围起到促进作用。

"南宁市特级教师丛书"编委会

目 录

第一章 历史教学需要关注身边生活

第一节　历史课堂呼唤生活

一、一堂远离生活的"好课"

笔者作为南宁市历史兼职教研员，有幸听了一节历史公开课，某位教师在上"鸦片战争"一课时，为这节课准备了以下四个问题：

第一个问题："为什么中国落后了？"投影显示：中国落后的具体表现是什么？中国落后的根本原因是什么？如何从理论上认识中国的落后？

第二个问题："如何辩证分析'闭关锁国'政策？"

第三个问题："如何评价林则徐、道光帝的禁烟运动？"投影显示：两人的阶级属性是否相同？两人禁烟的主要目的是否相同？

第四个问题："如何认识鸦片战争发生及失败的必然性？"首先，教师以鸦片战争发生的直接目的与根本目的、直接原因与根本原因的分析为例，讲述"现象与本质"的辩证关系；其次，以中国禁烟运动与鸦片战争发生之间的关系为例，说明"必然性与偶然性"的辩证关系；再次，以中国在鸦片战争中战败的具体原因与根本原因为例，分析政治、经济与战争的关系；最后，以中国在鸦片战争中战败的史实论证"腐朽的封建主义不能战胜新生资本主义"这一历史定论。

这节课从史实到理论，从原因到过程，从过程到结果，从史实到反思，层层递进，把历史问题讲得全面、透彻，足见上课教师理论水平之高、教学功底之厚，让听课老师都感到望尘莫及。但笔者观察课堂上学生的表现，学生面无笑容，也毫不感动，一心盼望着下课铃声快快来临。教师尽心尽力、深入分析的一节课，换来的却是学生的漠然以对。是学生有负于课堂，还是课堂有负于学生？教材内容与当今学生的现实生活存在着巨大的差异，这是学术理性主义课程与现实生活不可避免的矛盾。一个个远离学生生活和社会现实的历史问题，形式单调、枯燥、乏味的课堂，使学生听不出热情，悟不出感情。教师没有把学生身边的生活及经验调动起来，教材没有与学生的心境、切身体验相通，就不能激发学生学习历史的兴趣，更不用说让学生形成真切的情感去理解历史。

英国埃德温·艾勃特在《平面国》一书中称现代教育为"教育平面国"：知有教学不知有教育，知有成绩不知有成长，知有课本不知有书本，知有学业不知有事业[①]。实际上这是只知有知识，不知有生活。

二、课堂呼唤生活

"好课"被学生漠视之根源在于教师缺乏鲜活的课程资源，难以营造形象生动的教学情境，无法增强学生学习历史的兴趣和理解历史的能力。

（一）我国历史课程资源开发利用能力仍需提升

随着国家新课程改革的实施，课程资源的重要性日渐显露，一些学者在全国各实验区的调查统计显示，教师们使用新教材最大的难点是缺乏课程资源，占被调查者的93%[②]。教师们已认识到课程资源的重要性，但他们对课程资源的认识比较单一，67.1%的教师感到最急需的是声像制品、图片、挂图、实物模型等国家统一制作的实物性资源，对身边无处不在的各种知识性与体验性的课程资源却视而不见[③]。可见，中小学教师对课程资源的认识与开发能力还有待进一步加强。

一些中学历史教师也开始收集生活中的历史资料并在课堂上展示，对开发历史课程资源的途径也作了较为具体的探讨，如补充歌谣、俗语、图片等地方历史知识资源以提高历史教学的效果[④]。但他们在开发历史课程资源过程中仅关注资源载体本身，缺乏对历史课程资源开发的整合利用，而且大多数历史教师的教学仅停留在提高学生兴趣、印证和补充课文的层面，还未提升到培养学生乡土文化精神的高度。为实现中学历史教师教学经验的提升，需要提供规范的、便于操作的历史课程资源开发利用途径与策略。

---

① 埃德温·艾勃特：《平面国》，江苏人民出版社，2009。
② 唐丽芳、马云鹏：《新课程实施情况调查：问题与障碍》，《中小学教育》2002年第10期。
③ 姜丽华：《大连市实验区小学课程改革基本情况的调查报告》，《教育科学》2003年第10期。
④ 朱煜：《历史学科课程资源的开发与利用》，《课程·教材·教法》2002年第9期。

（二）广西生活化历史课程资源开发利用亟待加强

新课程改革以来，笔者对桂林中学、柳州市第四十中学、南宁市第三十五中学、贵港市江南中学的200名高中学生（实收有效问卷195份）和50位高中历史教师做了有关生活化历史课程资源开发利用问题的调查活动。活动采取了问卷、访谈、参观等形式，了解广西各地师生对生活化历史课程资源开发利用的态度与能力、各校生活化历史课程资源开发利用的现状与困难。

调查问卷

调查一：生活化历史课程资源开发利用状况调查问卷（学生）

亲爱的同学，你好！本问卷为一份历史教育研究调查，采用无记名答题方式，对你的个人学习与生活毫无妨碍。得到你的帮助，笔者不胜感谢。请根据你所了解的事实准确选择以下各题的预选项，每题只选一项。谢谢！

1. 你家是否有专门介绍本地市（县）历史地理的图书、光盘、市（县）志、文史资料等？（　　）

A.有比较多　　B.有一两本　　C.没有

2. 你的历史知识主要来源是（　　）

A.课文及历史教师讲授为主　　B.看课外历史书籍为主

C.当地故事传说为主

3. 你的家人、亲人、朋友（除了历史教师外）能否给予你历史知识？（　　）

A.给予很多历史知识　　B.给予了一些历史知识

C.没有给予历史知识

4. 你看过你家的族谱吗？（　　）

A.认真看过　　B.偶尔浏览过　　C.不知道有没有族谱

5. 本市（地级市）国家级的历史文化遗产有多少处？（　　）

A.三处　　B.两处　　C.一处　　D.一处也没有

6. 对当地的旅游名胜，你能说出多少历史故事？（　　）

A.各旅游地都能说出有历史故事或传说　　B.偶尔能说出一两个故事

C.不知道有历史故事

7.你能说出多少个春节习俗背后的故事？（　　）

A.三个以上　　B.两个　　C.一个　　D.一个也没有

8.你知道你姓氏的来源与远祖的出生地吗？（　　）

A.知道　　B.知道一些　　C.不知道

9.你能讲一些有关当地的历史传说或历史故事吗？（　　）

A.能讲很多　　B.偶尔一两个　　C.不能

10.你能说出你所在地的一些村名或街名的来历吗？（　　）

A.能清楚地说出　　B.能说出一些　　C.不能

11.你能否大概说出本市（地级市）的古代史？（　　）

A.能较准确地说出　　B.大概能说出一点，如以前的名称

C.一点也说不出

12.现在中学历史教材所学的知识，除了考试升学外，你认为它还有什么用途吗？（　　）

A.有益于以后的工作和生活　　B.有一定的借鉴作用

C.在实际生活生产中没有什么作用

13.在历史课堂中，你是否希望老师引入当地历史或社会现实来讲解历史？（　　）

A.非常希望　　B.无所谓　　C.不希望，以免影响课文学习

14.你是否乐意参加有关家乡历史文化的调查考察活动？（　　）

A.非常乐意　　B.为了完成作业而参加　　C.不愿意

15.你的历史教师是否带领大家参加过有关家乡历史文化的调查考察活动？（　　）

A.三次以上　　B.两次　　C.一次　　D.没有

调查二：生活化历史课程资源开发利用状况调查问卷（教师）

敬爱的朋友，你好！本问卷为一份历史教育研究调查，对你的个人工作与生活毫无妨碍。得到你的帮助，笔者不胜感谢。请根据你的看法选答，每题只选一项。谢谢！

1.你认为挖掘当地历史文化资源对你的历史教学有什么作用？（　　）

A.增加学生学习负担，没有什么作用

B.是一种补充作用，激发学生学习兴趣

C.是真正发挥历史教育功能的主要途径

2.你对本地的乡土民风、民间艺术感兴趣吗？（　　）

A.非常感兴趣　　B.兴趣一般　　C.没兴趣

3.你收集有关于本地历史与社会发展的资料吗？（　　）

A.收集有很多　　B.偶尔收集有一些　　C.没有

4.你能画出本家族的五代以上世系图吗？（　　）

A.能　　B.不能

5.你经常在历史课堂里引入现实问题与现象进行教学活动吗？（　　）

A.经常　　B.偶尔　　C.没有

6.你有没有带学生进行过有关家乡历史问题的研究性活动？（　　）

A.三次以上　　B.两次　　C.一次　　D.没有

7.你有没有主动与地方各部门联系过开发社区教育资源？（　　）

A.经常　　B.偶尔　　C.没有

8.你校与社区有关部门交往的主要形式是（　　）

A.互相开放各自的文化教育场所，如图书资料室等

B.军警民共建，做报告与文艺演出

C.请其他部门领导帮助教育学习困难生，帮助其他部门进行员工文化培训

9.你校与社区教育共建的状态是（　　）

A.经常进行，已有基本的制度保证　　B.乐于进行，但无具体规定

C.在政府通知情况下才进行

10.你认为当地历史文化遗迹、革命与爱国主义教育基地使用率如何？
（　　）

A.已充分利用　　　　　　B.基本上得到利用

C.偶尔利用，如每年清明节　　　　D.基本上没有利用

以下是对两个调查问卷的统计数据表：

生活化历史课程资源开发利用状况调查统计表（对学生）

单位：人

题号	选项			
	A	B	C	D
1	13	76	106	0
2	158	26	11	0
3	16	148	31	0
4	19	63	113	0

续表

题号	选项			
	A	B	C	D
5	49	54	48	44
6	10	106	79	0
7	28	34	68	65
8	33	82	80	0
9	3	106	86	0
10	12	102	81	0
11	6	95	94	0
12	74	105	16	0
13	161	29	5	0
14	148	34	13	0
15	19	6	18	152

生活化历史课程资源开发利用状况调查统计表（对教师）

单位：人

题号	选项			
	A	B	C	D
1	2	39	9	0
2	29	18	3	0
3	7	37	6	0
4	0	50	0	0
5	36	10	4	0
6	0	0	11	39
7	0	14	36	0
8	5	26	19	0
9	18	20	12	0
10	0	15	35	0

通过问卷调查统计，我们发现广西高中历史课程资源开发利用，尤其是生活化历史课程资源开发利用的状况不容乐观。

（1）校园课程资源建设有一定成绩，但缺乏地方特色。

一些学校在校园建设、设施改进上很有成就，但缺乏地方特色。生活化历史课程资源开发利用还没有提上学校领导的议事日程。

（2）部分教师进行了一些课程资源开发的尝试，但大多流于浅层次。

一些城区中学的教师在指导学生开展研究性学习的过程中，虽然进行过开发当地历史课程资源的尝试，但是他们的做法通常是在中国通史课上套入一点地方史的相关内容，其内容过于随意与零碎，理论水平有待提高。城镇中学的教师不敢挖掘地方历史资源，担心影响学生中国通史知识的学习与高考复习。

（3）学生乐于了解家乡，但不知怎样认识家乡。

问卷调查结果显示，大多数学生都乐于了解家乡，82.56%的学生非常乐意教师把现实问题引入历史课堂，75.90%的学生非常乐意参加家乡历史的调查考察活动。在访谈中，学生也谈到了解家乡、认识家乡的困难：家人没有给他们提供多少认识家乡历史的资料与帮助，教师又极少带他们进行开发家乡生活化历史课程资源的研究性学习活动。从问卷调查结果中也可看出学生对家乡历史的认识是非常模糊的。

笔者（左二）到广西各地进行"高中历史课程资源开发利用"调查

（三）历史课堂教学困境的问题归因

（1）考试评价机制的压力。

目前，社会对高中教育的评价仍然是以高考成绩为主。学校领导与教师的管理和教学大多数都是围绕高考升学率和成绩。他们谈教学改革也多是谈如何提高课堂知识容量及考试训练有效率。

（2）学校领导对课程资源认识比较片面。

有些领导关注的大多是条件性的、物质性的课程资源，是为了改进高考备考的"装备"。没有真正地关注当地知识性与体验性的历史课程资源的开发。

（3）历史教师对生活化历史课程资源认识仍有偏差，开发利用的动力与能力不足。

历史教师对生活化历史课程资源开发热情不高、缺乏动力的原因，除了高考压力之外，还有两个因素：一是对生活化历史课程资源认识不足。从问卷调查中可知，78%的教师都认为生活化历史课程资源只是一种激发学生学习兴趣的补充而已，没有将之上升到爱乡爱国的高度。访谈中他们也大多认为"文物胜景、名人大事又不会帮学生高考，搞课程资源开发，占用时间，砸了高考怎么办"。还有一些教师认为开发生活化历史课程资源无关大局，自然不会有深入的行动了。二是没有形成一套完整、科学、规范的开发利用生活化历史课程资源的途径与策略，乃至开展的一些活动成效不大，也就知难而退了。

第二节　直面新课程改革的新需求

一、开发利用生活化课程资源是历史教育的本质需求

（一）关注生活，回归本质

怀特海在《教育的目的》一书中指出："教育只有一个主题，那就是

五彩缤纷的生活。"①只有开发利用生活化课程资源，寻找有生活的课堂，才能优化我们的历史教学，为学生以后的学习和生活做准备，实现历史教育服务人生的最高目标。

陶行知先生说："生活即教育，没有生活做中心的教育是死教育。""我们的真正指南针只是实际生活，实际生活向我们供给无穷的问题，要求不断的解决，我们朝着实际生活走，大致不至于迷路。"②许多学生喜欢历史却不喜欢历史课，这是因为历史课远离学生的现实生活，我们的历史教学迷了路。历史教学生活化就是要构建植根于生活现实并为学生现实生活服务的课堂。

如今中学生通过历史学习，能说出一大堆历史概念及结论，但问及身边乡镇村落的历史却知之甚少。出现这一现象的原因是我们的历史教学与研究对学生身边生活化的历史课程资源没有给予足够的关注。为适应历史课程与教学改革的要求，开发利用生活化课程资源成为历史教学与研究不可或缺的重要课题。

（二）立足脚下，走向世界

世界从纵向看是历史，从横向看是生活。新课程改革的重要任务之一就是处理好书本世界与生活世界的关系，回归学生的生活世界，实现科学世界与生活世界的和谐统一。"改变课程内容'难、繁、偏、旧'和过于注重书本知识的现状，加强课程内容与学生生活以及现代社会和科技发展的联系，关注学生的学习兴趣和经验，精选包括信息技术在内学生终身必备的基础知识和技能。"③所学课程知识必须源于生活，学生通过学习，可从理解生活、学会生活、选择生活、创造生活。要教师有所悟，学生有所得，就必须开发课程资源去与制度课程互动，用自己的生活经验去建构知识。"课程资源为了课程改革，课程为了教育，教育为了生活，那么课程资源所关注的生活应该是各种生活，不仅是外国的生活、城市的生活，还要关注乡村的生活。"④按此要求，开发利用生活化课程资源更显出其必要性与迫切性了。

① 怀特海：《教育的目的》，文汇出版社，2012，第6页。
② 陶行知：《陶行知文集》，四川教育出版社，1991，第170页。
③ 教育部基础教育司：《历史课程标准解读》，北京师范大学出版社，2002，第2页。
④ 宋虎平：《民间课程资源：被遗忘的课程资源》，《教育理论与实践》2002年第6期。

当今史学研究关注对象由政治精英转向普通民众，方向由历史研究转向历史与现实的结合，强调以人们现实生活的经验和感受为纽带，在整体上把社会作为一个动态的过程来描述，强调借助历史的眼光认识今天的社会。小历史、小人物作为大历史的缩影，可以展现大历史发展的节点与进程。我国近代史研究专家唐凌就十分关注生活化的小历史，从矮仔粘水稻品种的引进与传播到柳州酸汤米粉、侗族人民的饮食习俗"侗不离酸"的小故事，反映广西农业、工业、民族发展的大历史，引发读者体会广西现代化的艰难历程，反思现代化发展的"瓶颈"。他善于把身边的历史证据作为历史研究与学习的窗口，由近及远地扩大视野，不仅贴近生活、激发兴趣，而且能通过这一窗口，把历史基本特征与规律看得更实在、更清楚。

新课程改革后，历史教育关注的是生活，突出的是差异。历史教科书主要关注共性，但限于篇幅，很难顾及具体的地区，学生对历史的认识难免模糊不清。要想克服这一弊端，教师可以开发身边的生活化历史课程资源来提高学生对历史认识的清晰度。根据学生学习"同心圆扩展"的心理规律，从身边开始，到家庭、家乡、国家，逐渐扩大认识范围，以形成全面的历史认识。

在全球化时代，走向世界成为一种重要的趋势，但立足本土是走向世界的前提，正所谓"越是本土的，就越是世界的"。"认识我们脚下的土地"成了一个不容忽视的教育课题。开发利用生活化历史课程资源，就能引导学生"去发现、去领悟、去认识其中深厚的地理文化和历史文化，去关心这块土地上的普通的人民，和他们一起感受生命的快乐与痛苦，并把这一切融入自己的灵魂与血肉中，成为自我生命的底蕴与存在之根。这将为他们一生的发展，奠定一个坚实的丰厚的精神底子。"[1]否则，谈何立足本土，更遑论走向世界了。

二、开发利用生活化课程资源是历史课程改革的关键

基于历史课程改革和中学历史教学的实际，开发利用生活化历史课程资源有着理论上与实践上的必要性。

---

① 冯骥：《〈贵州读本〉将地域文化引入中小学语文教学》，《中国青年报》2003年11月20日第3版。

（一）新课程改革的关键

历史学科基础教育课程的重大变革，侧重于学生掌握探究历史的具体方法，即培养学生发掘史料、发现问题、分析问题、解决问题的能力。如何帮助学生开发利用历史课程资源，形成"史由证来""论从史出""史论结合"的认识习惯和思维方式就成为历史课程改革实验的关键。历史教学，是为了生活，基于生活，回归生活。通过开发利用贴近学生生活的历史课程资源，把历史课堂生活化；通过具体生动的生活化课程资源利用，把概念化的历史问题具体化、形象化，把深奥问题浅显化，便于学生领悟历史。这些都有利于学生探究历史的能力与历史素养的培养。开发利用生活化历史课程资源成为新课程改革的关键。

（二）历史学科核心素养培育的支撑

新课程改革提出了新的课程标准，历史学科也由三维目标改为五大核心素养：①唯物史观；②时空观念；③史料实证；④历史解释；⑤家国情怀。历史核心素养的培育必须建立在对历史深入理解的基础上，但是，课堂上的教学材料受篇幅所限，难以激发学生探究的欲望，需要开发利用学生身边的课程资源加以推动。历史虽然具有不可再现性，但是可以通过开发丰富的历史课程资源，借助这些资源去再现、感知、体验和理解历史，这是历史学科的特点。开发利用生活化历史课程资源，将历史教材叙事背后的历史故事描绘出来，将教材忽略的生活趣事呈现出来，将生活元素融入历史之中，这既改善了教材过于简单的历史叙事，又使历史还原其生动特性，将学生置于具体历史时代情境之中。这一过程就是对史料的阅读、收集、理解、分析、对比和综合运用的过程，有利于实现历史研究与教学的第一宗旨——求真，有利于实现历史教学的目的，即教会学生探究历史的方法，最终实现对学生正确价值观与历史素养的培养。开发利用生活化历史课程资源，以具体的情境增强学生学习历史的兴趣，提高学生的历史理解能力，是实现历史学科核心素养培育的前提条件。

第三节　历史课堂高效的依托

历史课堂如何实现高效呢？新课程改革变"教教材"为用教材教，实现历史课堂高效不仅要提高教师课文知识的讲解传授效率，更要侧重于培养学生理解历史、探究历史的能力。这些能力是在求证史实、以史求论的过程中完成的。开发利用课程资源，能把教材知识与现实生活连结起来，实现感性与理性结合，在实践运用中实现高效教学。开发利用生活化历史课程资源为课堂高效提供依托。

一、生活化历史课程资源有利于学生对史实的理解

历史课教材中有许多条条框框。教学中左一个概念右一个概念，历史教育就会与学生生活产生很大的疏离感。开发利用身边生活化历史课程资源，有利于烘托渲染气氛，设置情景，形成生动有趣的历史课，激发学生学习兴趣。它让学生对历史感到具体亲切，仿佛历史就在身边，可以形成一种现实感，学生可以更好地感受历史人物的业绩与精神，相关情感态度、价值观油然而生。所以，教师在教学中应选择贴近学生身边的生活化的课程资源，将有意义的问题以有趣的方式提出来。这有利于学生调动原来的生活经验与知识来同化新知，理解本质。如在高中《历史·必修2》（人教版）第12课"从计划经济到市场经济"一课教学中，笔者先引导学生回顾小学语文有关小乌鸦丢石头喝水的传统智慧故事，然后让学生看一幅漫画，漫画中，一只小乌鸦正用一根吸管舒服地吸食深瓶里的清水，老乌鸦发现后勃然大怒："你不用石头丢瓶子，敢坏了老祖宗规矩。"使学生在会心一笑中真切体会了教条主义的本质。历史教学贴近生活，有助于学生理解历史。

二、生活化历史课程资源有利于学生启动思维探究

历史教材需要丰富的课程资源作为支撑，历史的智慧需要生活来印证，历史的情感需要生活来体会，历史学习方式的转变，特别是研究性学习的开展，需要丰富生动的生活化历史课程资源来帮助。历史研究正在走向生活，历史教育正在关注普通人的生活，欠发达地区现代设备类的课程资源相对匮乏，但历史积淀深厚，资源丰富。开发生活化的历史课程资源，是打开历史的"天窗"，是认清历史本真的必要条件。开发利用生活化历史课程资源，有利于激发学生的探究兴趣，形成探究的氛围。特别是开发一些具有戏剧性冲突的生活现象作为课程资源，易于引发学生的认知冲突，推动学生的疑问与思考，形成探究学习的氛围，成为启动创新思维的动力。如"慈禧太后挪用军费建园林与日本天皇节食建海军"的课程资源可启发学生思考中日甲午战争成败的原因。

三、生活化历史课程资源为历史探究学习和解决问题提供"脚手架"

生活化历史课程资源为学生探究学习铺路、点拨方向，为学习提供思路。这些生活化的历史课程资源，用多方面的信息来刺激学生的多种感官，调动学生参与活动的积极性，拓宽探究思路，为学生提出假设、验证假设提供丰富的资料，使学生能摆脱对教师与教材的依赖，真正自主探究学习。当学生学习出现"山穷水尽"的困境时，能通过生活中的新信息，形成新思路、发现新问题，从而解决问题。生活化历史课程资源为历史探究学习提供了解决问题的"脚手架"，真正改变了学生的学习方法，最后形成历史能力，提高学生认识历史、运用历史知识解决现实问题的能力。如在学习农村经济体制改革原因时，教师以《小岗村那18只鲜红的手印》为题播放录像："1978年，安徽发生特大旱灾，许多人外出讨饭。同年12月，凤阳县小岗生产队18户农民秘密聚会，冒着风险，签订生死契约，决定分田单干并包产（包干）到户。一年后，粮食不仅没有减产，反而获得空前大丰收。"教师激发学生生成问题，如他们正决定干什么大事？为什么要秘密进行，还要签生死状？为什么如此胆大敢为？最终为什么成功了？不仅激发了学生对改革开放原因的思考，更为

他们的思考提供思路与资源。

历史课程资源是历史教学设计成败的关键因素，开发利用生活化历史课程资源，有利于历史教学的情境创设、知识迁移、问题拓展，使历史教学内容鲜活生动，形成教学活动平台，使问题探究有依托和支架，使历史体验具体有效。

四、生活化历史课程资源促进学生综合能力的提高

开发利用历史课程资源，有利于培养学生的史料意识，特别是培养学生"史由证来""史论结合"的认识与表达习惯；有利于充实历史内容，提高历史课的趣味性，激发学生学历史的积极性；有利于给学生理解探究历史问题提供平台，培养学生历史思维和解决问题的能力。

不管从课程改革新理念、历史教育新特点，还是从课程资源的研究趋势，或是中学开发历史课程资源的现状来看，开展生活化历史课程资源开发与利用的研究已是广大中学历史教师与教育研究者责无旁贷的任务。

第二章　生活化历史课程
　　　资源的特点与意义

第一节 生活化历史课程资源的界定

一、学界对课程资源的界定

西方教育界对课程资源做过较为明确的界定与分类，泰勒从现代学校教育角度出发，把课程资源分为对学习者的研究、对校外当代生活的研究、学科专家的建议等[①]。坦纳夫妇则把课程资源分为社会资源、知识资源、学习者资源等[②]。江山野的《简明国际教育百科全书·课程》认为，课程资源是解决"帮助学生学什么？采用哪些教学活动才能达到目的？怎样组织教学才能收到最佳综合效果？"等问题以及制定评估方案的过程中多种可利用的资源。他把课程资源界定为目标资源、教学活动资源、组织教学活动的资源、制定评估方案的资源等[③]。西方教育界的有关论述实际形成了广义的课程资源概念：课程设计、编制、实施和评价整个课程发展过程中可以利用的资源总和。

笔者考察桂林府学文庙石刻

国内学者对课程资源的研究是近几年来的事情，可以说还处于起步阶段，但也取得了一定的成果。顾明远的《教育大辞典·教育经济学》（第六卷），吴刚平的《课程资源的筛选机制和开发利用途径》等从不同角度对课程资源进行了界定与分类。范

关注身边生活 演绎精彩历史

[①] 范兆雄：《课程资源概论》，中国社会科学出版社，2002，第4页。

[②] 同上。

[③] 江山野编《简明国际教育百科全书·课程》，教育科学出版社，1991，第112—115页。

18

兆雄的《课程资源概论》一书，较详尽地构建了课程资源要素内容系统和课程资源的层面系统，提出了普查、筛选、培植、建设等几个开发步骤[1]。

国内教育界对课程资源的定义普遍认同广义的解释，即在课程设计、实施和评价等过程中可以利用的物质与精神存在的总和。课程资源一般有以下分类：

划分标准	资源类型			
性质	自然课程资源	社会课程资源		
物理特性	文字课程资源	实物课程资源	活动类课程资源	信息化课程资源
存在方式	显形课程资源	隐形课程资源		
内容	思想课程资源	人力课程资源	知识课程资源	网络课程资源
功能	素材性课程资源	条件性课程资源		
人的角度	学生的课程资源	教师的课程资源	家长的课程资源	社会的课程资源
空间或来源	校内课程资源	校外课程资源	信息类课程资源	

（源自刘旭东、张宁娟、马丽：《校本课程与课程资源开发》，中国人事出版社，2002）

一些研究者从综合活动课、研究性学习、社区文化建设、校本课程建设等角度探讨了课程资源开发的地位与作用，提出了从载体角度、主体角度开发利用课程资源的途径。如雷少波的《社区教育资源的开发及其价值思考》，王鉴的《课程资源开发与利用的多元化模式》，关颖的《社区教育资源的开发和利用》，张莅颖的《试论社区教育物力资源的开发》等。国内教育界对课程资源开发的概念形成了一些共识：课程资源开发与利用，就是通过普查、筛选等手段寻找一切能够与教育教学活动联系起来的资源，并通过加工、建设，使之进入课程或直接为课程服务。研究者不仅提出开发课程资源的基本途径，还总结出有关课程资源开发研究重点，包括五个方面：一是对课程资源的概念、性质、种类和存在状态的研究；二是对课程资源开发与教师专业成长关系的研究；三是对课程资源开发与教学方式、学习方式的转变关系的研究；四是对课程资源开发的程序、过程、步骤与利用方式、方法的研究；五是对具体学科的课程资源及其开发模式的研究[2]。

---

[1] 范兆雄：《课程资源概论》，中国社会科学出版社，2002，第5页。

[2] 刘旭东、张宁娟、马丽：《校本课程与课程资源开发》，中国人事出版社，2002，第146页。

不过研究者关注的是资源本身的作用，没有关注中学师生如何开发利用课程资源，而且他们也多是关注外国的生活、城市的生活，而遗忘了农村的生活。

一些有识之士大声疾呼课程资源开发要走向民间，走向乡村。这对开发地方生活化课程资源无疑起到了宣传动员作用，但其主要是从教育民主化、知识乡土化与国际化关系角度来研讨的，对如何开发地方生活化课程资源、促进中学生的全面发展的问题还未足够重视，有待进一步研究。

还有学者对乡村的课程资源进行了广泛调查、系统分类，提出了"外围→中心"开发模式和"中心→外围"开发模式。可惜此类开发模式是以开发主体为基点，从教育专家角度来论述课程资源的，没有形成便于中学师生操作的具体策略方法，而且这些成果对历史课程资源关注不多。

历史课程资源也普遍采用广义上的定义，也就是有利于实现历史课程目标的各种资源的总和。其存在类型及地位如下表所示：

类型	地位
历史教科书	核心部分
各类馆室与教育基地	重要部分
乡土教材和社区环境	有特色的课程资源
音像、影视作品	重要且易获取的资源
历史遗存与人文景观、自然景观	最有说服力的资源
网络资源	最便于运用的资源

（源自教育部基础教育课程教材专家工作委员会组织编写：《历史课程标准解读》，北京师范大学出版社，2002）

20世纪80年代特别是90年代以来，一批研究地方史的论著不断问世，但这些论著并未直接触及中学地方历史课程资源开发问题。这些论著的研究也仅停留在省、市、县级地方史，未深入村落史与家庭史。

历史教育界对历史课程资源开发的研究取得了一定的成就。朱煜对历史课程资源的学科独特性、概念界定以及内容分类做了很有价值的研讨，并提出了一般的开发途径与原则[1]。这无疑为刚刚开始的历史课程资

关注身边生活　演绎精彩历史

[1] 朱煜：《历史学科课程资源的开发与利用》，《课程·教材·教法》2002年第9期。

源开发利用工作指明了路径。但他们的研究实际上仍属于理论研究的范畴，其成果在中学还是缺乏可操作性的。特别遗憾的是，他们对乡村地区生活化的或民间化的历史课程资源的开发利用关注不够。

笔者通过对专家们有关课程资源研究的分析，发现他们的关注点正逐渐从资源概念、存在方式、关系原则发展到运用方式与步骤，并向学科课程资源开发方向深入。这些成果对历史课程资源开发利用无疑具有导向性的作用，但他们对于各学科、各地区和各层次的课程资源还未做详细的探究，缺乏可操作性的教案。历史课程资源开发走向中学、走向生活的路子仍然有待开拓。

二、笔者对生活化历史课程资源概念的界定

专家们都是从全国性的宏观角度来谈课程资源的，他们的论述全面深入、高屋建瓴，对课程资源开发有普遍的指导意义。但由于对课程资源的定义过于泛化，在实践中师生们往往不知所措。

笔者对原有的课程资源划分标准加以扩展，增加了实施过程及渠道地位两个内容，如下表所示：

划分标准	资源类型			
性质	自然课程资源	社会课程资源		
物理特性	文字课程资源	实物课程资源	活动类课程资源	信息化课程资源
存在方式	显形课程资源	隐形课程资源		
内容	思想课程资源	人力课程资源	知识课程资源	网络课程资源
功能	素材性课程资源	条件性课程资源		
人的角度	学生的课程资源	教师的课程资源	家长的课程资源	社会的课程资源
空间或来源	校内课程资源	校外课程资源	信息类课程资源	
实施过程	教学设计课程资源	教学过程课程资源	教学评价课程资源	
渠道地位	官方课程资源	民间生活化课程资源		

本文从研究的需要出发，把研究对象限定为生活化历史课程资源，即历史教学活动中存在民间的生动有趣的、蕴含历史知识的、有利于培养学生的历史思维能力及乡土文化精神的素材性资源。资源内容包括身

边的人、事、物以及人文等内容。生活化历史课程资源有以下特性：一是当地有特色的乡土文化资源；二是以师生为主体而开发的课程资源；三是来源于民间的历史课程资源。

本文研讨的任务不在于理论上的创新，而在于找到中学师生可操作的、经济实用的开发途径与策略，力图总结出一定的生活化历史课程资源的规律及教学原则，构建地方生活化历史课程资源开发利用机制；引导学生去发现生活中的历史课程资源，将教育哲学、教学理论与师生的实际情况结合起来并进行创新，以适当的方式引入教育教学活动，形成可以让广大中学师生借鉴的生活化历史课程资源开发利用的典型教案；同时，在开发实践与研究的过程中，把开发成果整理成有地方特色的生活化历史课程资源，为以后的历史学习服务。本研究重在探索过程，希望能引发广大中学教师及教育研究者对生活化历史课程资源的关注，更重要的是通过实践与研究，提高学生自主探究、开发利用历史课程资源的能力，形成良好的学习习惯。

第二节　生活化历史课程资源的特点

了解、熟悉丰富的生活化历史课程资源，掌握其存在的特点，是开发利用的基础。为了研究与开发利用的便利，本文主要按内容主题将生活化历史课程资源分为家族文化历史课程资源、民俗风情历史课程资源、文物胜景历史课程资源、家乡发展面貌历史课程资源。

由于各地区社会发展、自然环境与城市有着极大的不同，生活化历史课程资源有以下几个特点：

一、地域性

我国幅员辽阔，各个地方在长期历史、人文、地理因素的作用下，形成不同的文化传统、生产生活方式，以及多姿多彩的民俗风情和各具特色的乡土文化精神，这种具有浓郁地方特色的历史文化资源，即为地方生活化历史课程资源。因此，根据地方经济和文化发展实际、地域特点及学生发展的需要而开发出来的生活化历史课程资源，在适用范围上具有鲜明的地域性。特定的地方课程资源只适用于特定的地方中小学，它源于这个地区，同时也作用于这个地区。在中国的西部地区，地方课程资源具有一定的民族性，不同民族有着不同的宗教信仰、生产生活习惯，这些文化现象在外人看来难以理解，而对于本民族学生来说却有极强的亲和力。如广西百色、河池地区的板鞋运动，源自明朝归顺直隶州（今靖西市）抗倭英雄瓦氏夫人对俍兵的训练。这种多人共穿一双长木鞋赛跑的运动，见证了当年桂西俍兵团结一心、共御倭寇的光荣历史。因此，特定的地方课程资源运用于特定的地方中小学，可以取得独特的教育效果。广西是一个多民族聚居的自治区，历史、经济、文化都有着独特的民族特色，其历史课程资源具有其他省市无法替代的浓郁的民族性。

二、趣味性

许多地方，特别是农村地区，依山傍水，有美丽的自然风光、丰富的历史文化遗存、独特的民俗民风、多彩的民间游戏、精湛的民间艺术、离奇的民间故事、神秘的民间传说等。在这些资源中，民间故事和传说不仅通俗易懂，而且有情节、悬念，引人入胜，对学生特别有吸引力，容易激发学生的兴趣，调动学生参与的积极性，形成探究与讨论的氛围。开发与利用这类课程资源便于吸引学生参与活动，让学生在愉悦的状态中受到教育，寓教于乐。

三、自然性

具有自然景观和人文历史的历史课程资源在农村地区比比皆是，如随处可见的自然物品、神奇独特的民间艺术、几千年的农耕文化在农村留下的无数文物胜景、口耳相传的民间故事，还有反映普通人生活的家史与族谱等文本资料。这些地方资源如此自然真切，弥漫着浓浓的乡土气息，它们存在于平常的生活之中，附着于本地特有的自然风物之上，其真实性对于本地学生有极大的感染力，有利于开发学生智力、陶冶学生情操。各地生活化历史课程资源的开发就是要以"土"取胜，历史教师要善于从自然人文风光、民俗风情等文化资源中捕捉历史的证据，开发出学生便于接触、易于理解，反映乡土精神的历史课程资源，培养学生的爱乡之情、爱国之心。如广西南宁的斑峰书院，位于南宁市青秀区刘圩镇，是当地群众于1878年集资创建的。书院中有清光绪二年（1876年）的进士钟德祥撰写的书院碑记、书题的大门匾额，有书院负责人请名匠镌刻的石碑，还有钟家后人保存的府第官职牌，它们留传至今，是不可多得的珍贵文物。斑峰书院前、中、后三进，仍保留有前座、中座，前座古迹基本保持原貌，彰显了刘圩镇刘

钟德祥官职牌

圩街钟家一门三进士（钟德祥、钟德瑞、钟刚中）的荣耀，是当地不可多得的教育资源。

四、活动性

地方尤其是农村地区生活化历史课程资源除自然与人文景观、历史文物外，多以人为载体，通过农民的语言与行动来传承文化现象，表现在多姿多彩的民众活动之中。不论是工艺品、民族服饰、建筑，还是礼仪习俗，抑或是精神层面上的心理情感，都是通过人们的活动有趣地呈现出来的。如元宵观灯、清明戴柳、中秋赏月、重阳登高、年节守岁、鞭炮迎春、节庆饮食等，无不渗透着浓浓的乡土文化气息。它们不仅能让人们在观赏时产生美感，还能便于人们参与其中、亲身体验，感受当地人的热情和喜悦，领略当地文化底蕴。这些活动还会使人触景生情，产生爱乡之情、建乡之责，喷涌出对家乡的自豪感与自信心。

广西每年一度的"壮族三月三"民俗文化游活动，就是民俗风情文化资源的大荟萃。盛大隆重的民族婚礼、富有民族特色的舞蹈、各路宾

朋同台竞技的歌仙会、绿色生态的风味小吃以及富有趣味性的民间工艺制作比赛、民间游艺娱乐等，充分展示了壮族人民热情好客的个性以及祈求平安幸福的愿望。

第三节 生活化历史课程资源开发利用的意义

生活化历史课程资源的开发利用，对教育教学发展，特别是学生的全面发展、教师的专业成长、学校的发展都有独特的优势，其开发的意义有以下几个方面：

一、促进学生终身学习与发展

（一）激发学生学习历史的兴趣

现实问题的历史渊源是学生们最感兴趣的历史话题，开发与现实生活相关的身边历史课程资源，使学生更容易明白历史知识与日常生活或今后社会实践有着密不可分的关系，从内心产生一种需要历史知识的愿望，这种愿望能成为稳定的学习动力，学生由原来对历史学科被动的"要我学"态度转变为"我要学"，甚至"我爱学"的学习态度。

（二）在生活中理解历史，在历史中体验生活

生活化历史课程资源贴近社会、贴近学生、贴近生活，如一句流行的顺口溜、一句简洁精辟的成语、一个神奇的传说、一个生动有趣的故事、一幅讽刺漫画等，以学习素材的熟悉感来引发学生的亲切感。开发生活化历史课程资源，立足身边生活化的历史事实，从现实中寻找学习历史的切入点，就好似在历史与现实之间架设一条情感的桥梁，将遥远的历史情感变成学生内心的共鸣，使学习历史具有可依托性和具体感知性。它有利于激发学生学习历史的兴趣，形成积极的情感，调动已有的知识、技能和生活经验去理解历史课上的新问题。同时，对照历史，学生也可以更好地体会生活。近代历史学家陈寅恪欣然称之为"古今互相

印证"法，"……然其中颇复有不甚可解者，乃取当日身历目睹之事，以相印证，则忽豁然心通意会"[1]。正是以现实的理解为参照，互相沟通印证，才能对历史由"不甚可解"进入到"豁然心通意会"。

（三）促进探究式学习的开展

传统以本为本的探究式学习，采用统一的观点、统一的材料与统一的内容，学生听不出热情、悟不出感情、创不出新意。其要害在于学生缺乏一个丰富、真实的学习环境。

生活化历史课程资源可以为历史细节巧妙创设悬而未决、左右维谷的情境，设置探究空间，以新奇感及矛盾心理激发学生的疑问，引发学生探究的欲望，形成积极探究学习的态度。在历史教学过程中引入反映当地人爱恨情仇的生活化历史课程资源，不仅能使历史课情节生动，引人入胜，培养学生学习的兴趣，而且能把静态的陈述性教材变成复杂的问题性素材，发掘具有戏剧性冲突的生活现象，引发学生认知冲突，推动学生的疑问与思考，形成探究学习的意境，成为启动创新思维的动力。

（四）运用历史知识解决现实问题

古为今用是学习、研究历史的重要目的。人们学习历史，是为了解决现实生活中的问题，而生活化历史课程资源的开发则为历史古为今用提供了一个平台。通过开发利用生活化历史课程资源，使历史知识成为学生学习与生活中的积极要素，并进而影响到他们日后的工作，这也是历史教学的现实意义所在。开发生活化历史课程资源，不仅能让学生产生爱乡之情，更能为家乡锻造建乡之材。学生了解家乡的优势与困境，为家乡建设出谋划策，针对性地解决家乡的问题，为家乡服务，形成运用历史知识解决现实问题的能力。学生运用自己所掌握的历史知识和其他各科知识，通过实践活动主动地去观察和体验社会生活，力求解决实际问题，并为他们将来走向社会奠定基础。

（五）为塑造乡土文化注入强大的精神力量

一方水土养一方人。一方百姓千百年来在衣、食、住、行、用各个领域中的智慧和情感，必然凝练成一方独有的乡土文化与乡土精神。在开发生活化历史课程资源活动中，了解家乡的成就与变迁，探究家乡神

① 余伟民：《历史教育展望》，华东师范大学出版社，2002，第258页。

奇的民俗风情，亲身感受身边的自然、人文历史，使学生的乡土知识更加丰富，乡土意识更加强烈。教育家加里宁曾说过："关于爱国主义教育，是从深入认识自己家乡开始的。"开发利用生活化历史课程资源可让学生产生一种亲切感、自豪感和使命感，培养乡土文化精神，即热爱家乡、建设家乡的责任感，进而升华为爱家、爱国、爱人类的情感。在开发活动中逐渐形成一个走向世界与立足乡土的平衡机制，将走向世界与面对乡土结合起来，把走向世界的愿望落实在开发乡土资源、为乡土服务之中。

二、助推教师专业成长

教育水平的高低主要取决于教师的素质，教师的素质主要看教师的专业水平。通过农村生活化历史课程资源的开发，促进农村地区教师积极参加教育改革与科研活动，不仅能挖掘出潜藏于生活中有利学生发展的历史课程资源，还能开阔教师的教学视野，拓展教师对历史课程的全面理解。教师的知识结构得到进一步优化，能力得到提高，促使教师逐渐由经验型向专家型转化。农村生活化历史课程资源的开发，还可以开拓教师成就事业的渠道，使其更多地获得工作上的满足感与成就感，更加热爱教育事业。总之，在此过程中，教师角色将发生转变，由被动的课程执行者转变为课程的决策者、课程开发的参与者；由原来的知识拥有者、权威者、管理者转变为学生学习的指导者、帮助者和促进者。

三、带动特色学校的形成

实施创新教育，就必须有独特性，要形成"办学有特色、教学有特色、学习有特色"的局面，从而使每一位学生的每一个方面都能得到发展。不同地区、不同学校有着不同的课程资源优势，针对区域优势发掘出丰富而有地方特色的历史课程资源是办出特色学校的有效途径。特别是西部欠发达地区与东部发达地区学校的内外环境明显不同，课程资源的存在与表现形态差异更大。学校只有开发地方特色的生活化历史课程资源，使历史走向民间、走向地方，才能走出一条有特色的办学道路。

第三章　开发生活化历史
课程资源的主要途径

第一节　通过阅读收集整理文字类生活化历史课程资源

阅读是历史教学的起点，教师阅读的广度与深度，直接决定历史教师史学素养的发展程度，直接决定学生历史学习的视野和质量。

阅读是课外课程资源开发的主要途径之一，也是教师成长永恒的主题。"阅读就是力量，阅读成就梦想。"[1]一个教师的专业修为、理论素养根源于阅读。细心观察，我们常常会发现，几乎所有的名师都有一个共同的嗜好——阅读，他们充满智慧和灵气的课堂正是得益于他们广博的知识积累和深厚的文化底蕴。有人形象地比喻：阅读是教师专业成长的加油站。广大教师只有不断地阅读，为自己的知识宝库"加油""吸氧""补钙"，风雨兼程，才能到达远方。

随着现代科技进步，人们交往的范围日益扩大，课堂上会有越来越多的学生提出"刁钻"的问题，让老师难以招架。学生已经自主了，老师准备好了没有？老师是否有足够的专业知识去应对学生的问题？老师是否有眼光去发现学生另类的思维方式？老师是否有智慧去应对难解的问题？这些都需要老师们广泛的阅读。

书籍浩如烟海，读书要有所选择，精其选才能收其功。对于经典著作、专业类书籍、人生成长类书籍要逐字逐句地读，三番五次地读，对特别精彩与重要的内容要反复阅读。不仅要解其言、知其意，而且还要明其理。

教学要求实效，阅读也要讲究方法，提高实效。

一、立体阅读

立体阅读，即教师结合教育学、心理学、校本教材使用情况，以及学科特色进行阅读。立体阅读以学生心理、时代要求、学科特色为教学

① 孙畅：《用阅读托起中国梦》，《沈阳干部学刊》2014年第2期。

主题，形成课堂教学立意，找到生动有效的教学资料，设计出合适的课堂结构与教学方式，更好地实现课时教学目标。立体阅读可以通过不同的观点进行对比阅读，寻找教学设计的创新点。如通过阅读托克维尔《旧制度与大革命》的非主流观点，结合主流观点与知识，可设计出既符合唯物主义史观，又有创意的教学。

以"法国大革命"一课为例，本课以"法国大革命——激情过后的沉思"为教学主题，从三个方面进行教学活动：一是浪漫的激情——不断的起义。通过对印象革命的描述，了解一连串的起义与政变，感受法国人民的革命激情。在感受历史的基础上，揭露革命中的民主乱象，激发学生思考自由与平等、民主与法治的关系。二是帝王神话——拿破仑帝国。通过对拿破仑帝国兴衰的分析，引导学生反思历史上民主与稳定的悖论，以此加强学生思考的深度。三是平衡的稳定——共和政体的最终确立。通过对法国共和政体最终建立的原因的分析，引领学生认识从人治至法治的历史必然性与智慧，提升学生认识历史的高度。正是因为教师从不同视角的立体阅读，拓宽了历史教学的课程资源，创新了教学立意，所以才能对今天的民主法治建设的工作与生活有所启示。

二、阅读专业书籍

所谓阅读专业书籍，就是阅读教师专业教育书刊，了解教育教学特别是历史学科教学的新动态，明确教师努力的方向。阅读一些教育名著，夯实教师教学的理论基础；阅读历史学科著作，提高教师的专业学术水平；阅读地方特色图书，如方志、家族图谱等图书，能使教师的教学更有地方特色，更有针对性。以阅读的厚度成就教学的高度。

江苏省特级教师陈伟国在上"辛亥革命"一课前就阅读了胡绳的《中国近代历史的分期问题》、陈旭麓的《近代中国社会的新陈代谢》等历史理论著作，对比了革命史观与现代史观的不同；观看了《孙中山》《宋氏三姐妹》等一批影视作品，查阅了一大批有关辛亥革命的历史人物传记、书稿与当时的报刊资料，参观了众多的历史人物故居或革命烈士纪念碑，认真研读并感悟历史人物参加辛亥革命的心路历程，分析了当时革命爆发的形势和政治格局；同时，把初中、高中有关辛亥革命的历史教材进行比较，寻找教学的重点与突破点。经过长期的准备与研究，陈伟国老师才写出了富有智慧的辛亥革命教学设计。

南宁市第一中学（以下简称南宁一中）徐洁华老师在2004年就自费购买新教材进行研读，为"甲午中日战争"一课设计出立意高远、主题深刻的课件，课件以细腻生动的历史情境激发学生的爱国激情，此课也在2006年广西南宁市历史优质课比赛中获得一等奖。

"千淘万漉虽辛苦，吹尽狂沙始到金。"阅读专著，能积聚实力，阅读专著，是成功的基础。

多读书才能收集到丰富的历史课程资源，点化学生思维。不同版本的教材、不同载体的相关资源可以打开新思路；网络资源可以开阔视野；多媒体技术可以使文本资源动态化立体化，增强冲击力与生动性；通过调查报告与体会的历史资源有助于更好地理解历史，形成历史素养，促进学生的成长。学生在自己的生活经验与社会实际中去构建知识，就会对历史现实有更真实的理解。以当下现实去审视历史，就能理解得更深刻；用历史来说明生活，能使学生看待社会与事物的眼光更高更远。学生近距离观察历史，感知历史，有助于激发对历史的兴趣，增知、明理、生情，思维得到点拨。

三、阅读非专业书籍

对于一些非专业的杂志类书籍，可采用泛读或翻读的方法，让教师拓宽知识面，思路更广阔。

阅读非专业书籍还可以提升课堂上教师个人的气场。一个知识渊博的教师，在上课时能旁征博引，语言简洁，表达生动风趣，自然能吸引学生，提高课堂效果。

阅读杂志或文学类书籍，能使教师的讲课富有幽默感。准确凝练的语言，抑扬顿挫、富有感情色彩的语调，能把学生带入学习情境，让学生爱学、乐学本学科知识。如南宁市中学历史教研员周梅老师，为了教好历史课，专门修了大学的汉语言课程，因此她上的历史课特别生动，能打动学生。南宁一中原副校长沈远新，带着厚重的历史知识教语文课也别有一番天地。南宁一中数学老师颜丽增，不仅懂几何、代数，也擅长诗词歌赋。他能分析各种歌曲的流派与特点，能唱各种不同风格的民歌，写的诗词也是有模有样的，深得学生喜爱。

多读一些文史、哲学甚至宗教方面的书籍，能丰富教师的文化底蕴。如南宁一中科研处主任农春好老师把道家及儒学知识运用于班级文化建设；物理老师李耕岩，不仅精研心理学，还通读《论语》《道德经》《金刚经》以及中国历史等，讲物理都讲出人生哲学来，把课讲得丰富多彩、幽默睿智，在学生中人气特别高。

阅读时事与常识类书籍，可以使我们的课堂更接近生活实际。南宁一中赵宝华老师，在阅读有关军事方面的书籍后，开创了校本课程——"战争与地理"，可谓是别出心裁。

四、阅读与学生知识相关的书

教师读一读学生同学段的语文、政治、地理等相关课文，利用这些课文的诗词名句、原理方法分析相关历史问题，学生会倍感亲切，乐于接受和理解。

阅读学生课外喜欢的读物，看一看学生喜欢的影视，玩一玩学生常玩的游戏，借用里面的一些现象来讲历史，特别能打动学生。如在讲授高中《历史·必修1》（人教版）第2课"秦朝中央集权制度的建立"，有关"贵族政治向官僚政治过渡"内容，可借用学生喜欢的动画片《秦时明月》的内容来呈现那段分封制崩溃，诸侯争雄，建立帝国的大时代。生动阐释战国到秦汉时期中国政治思想与政治制度的演变过程。有利于加深学生对中国古代政治智慧的理解。

五、阅读课堂生态，交流发展

所谓阅读课堂生态，就是全面观察别人的课堂，思考课堂教学的相关问题。

首先，面对新人新事，要端正态度，不排斥，多学习吸收。对大胆另类的新课程改革实践，不能抱怀疑、挑刺、埋怨的心态，而要抱欣赏、尝试的心态。要善于从他人，甚至从竞争对手的身上学习其长处，弥补自己的不足，达到共同进步。

其次，观课学习要有目的。一是观察上课者是如何处理文本知识与学生生活关系的，即学习别人开发课程资源的能力。观察课程资源的适度性、真实性、典型性、针对性与贴近性（即贴近学生思维特点及生活经验）。二是观察上课者是如何处理学生主体与教师主导的关系的，即学习别人启发学生的能力，也就是如何把学习内容转化为合适的探究问题的能力。三是观察上课者是如何处理知识的庞杂性与教学有序性关系的，学习别人课堂知识呈现的能力，平衡知识结构与学生心理认知逻辑关系的能力。四是观察上课者是如何处理好探究过程无限性与学科课时有限性的关系的，学习别人的课堂调控能力。五是观察上课者是如何处理好教学预设与课堂生成的关系的，体会别人的教学机智。

最后，观课学习，以生为本。阅读课堂，不仅要阅读老师，学习老师的教学，更要阅读学生，观察学生的学习行为习惯、学生的学习兴趣点，了解学生在课堂中究竟想以何种方式学习知识，特别是要把学生提出的"刁钻"问题都收集起来，并以此为依据来分析学生的思维特点，以作为改进教学的资源。

广泛阅读，开发丰富的生活化历史课程资源，才能以知识改变课堂，以学识赢得学生。

第二节　观察社会收集整理口碑类生活化历史课程资源

世事洞明皆学问，人情练达即文章。学科教学，为了生活，基于生活，在生活中。课程资源不再局限于教材教参，而是以各种形式延伸到学生生活的方方面面。

观察社会，以对社会现实的理解为参照，互相沟通印证，才能对知识由"不求甚解"进入到"豁然心通意会"。这与建构主义学习理论是相通的。

一、留心生活，收集口碑类生活化历史课程资源

所谓口碑类生活化历史课程资源，就是口耳相传的历史故事、歌谱、流行语等非文本类的历史课程资源。

收集口碑类生活化历史课程资源，最好从身边特定人物着手，了解

身边的人物与故事，从而更好地理解国家的大历史、世界的大趋势。

作为广西贵港籍的历史教师，笔者经常去收集整理有关贵港市历史的歌谣，如有关太平天国起义的金田村歌谣："这个黄天有平均，总是富者欺穷人。若我黄三有天日，破你陆家不留人。换个朝来立个王，逼兵最好数洪杨。""吃饭官兵同张桌，睡觉官兵共个房。"收集整理这些歌谣，有利于理解太平天国运动兴起的原因。

南宁一中原校长师轶善于从青年学生喜爱的体育人物、体育活动现象中发现教育因素，如从篮球运动员林书豪、羽毛球运动员林丹等人物的人性特点进行切入，对学生进行思想品德教育。

笔者还收集到改革开放前后流行语——"1978年以前，手表、单车、缝纫机；1978年至1987年，单车、缝纫机、黑白机；1987年至1997年，冰箱、彩电、VCD；1997年至2007年，汽车、别墅、空调机；现在，正在准备买奔驰"。以此作为辅助资源，让学生直观地理解改革开放的成就——人民生活水平日益提高，从脱贫到温饱再到富裕的变化过程。

2018年10月2日，笔者从中央电视台一套的《生活圈》栏目看到某集团一则报道。

1985年，章丘县铸管厂厂长唐一林被派到已亏损200多万元的济南刁镇糠醛厂（后改圣泉厂）任厂长，当时工厂收购农户的玉米芯是一大难题，由于价格不高，每家的玉米芯量少且离工厂路途遥远，没有农民愿意把玉米芯拉到工厂卖。唐一林看到当地中小学校开展勤工俭学活动，没项目可做，于是请学校将帮工厂收农民的玉米芯列入勤工俭学活动，这既增加了学校勤工俭学项目的收入，又降低了工厂的人力成本，从而解决了糠醛生产的原料问题。

正当唐一林琢磨如何用糠醛深加工生产呋喃树脂的时候，碰巧遇上北京环保系统两个工程师到处找企业转让这一技术，经多方考察，唐一林花了5万元从工程师手中买下技术专利。投产后，订单纷至沓来，一下子让圣泉厂成为这个行业的独角兽。

1996年，一位专家给唐一林出了一招：用生产草酸失败的设备改生产酚醛树脂。从此，圣泉集团拥有了全球单体产能最大、自动化程度最高的20万吨/年酚醛树脂项目，后来还成为"神舟"飞船返回舱外层保温原材料制造商。

1996年，唐一林从国外得到一块过滤钢水的陶瓷过滤片，遍请国内高手反复研究，最后请国外专家联合攻关，直到2000年终于试制成功，生产出该行业的优质产品。

2014年，一次偶然机会，唐一林在浏览网站时发现一条黑龙江大学急于转让石墨烯技术的信息，他果断以较低价格买断了对方的专利，让圣泉集团打开了"千亿市场"的大门。

2018年，唐一林又看中了玉米电池，准备在梦想路上再进一步。

笔者把这一则报道记录下来，正好成为高中《历史·必修2》（人教版）第12课"从计划经济到市场经济"一课有趣而有效的生活化历史课程资源。

二、观察社会，收集网络资源

在信息化的今天，要特别关注网络与智能新技术革命带来的经济业态、政治形态、社会生态的新变化，关注新技术对教育革命的深刻推动力，从而找到新的历史课程资源来推动历史教育的改革提升。

现在自媒体信息量庞大，有许多信息也可以成为生活化历史课程资源。

《渭南日报》（网络版）于2018年9月28日发表了秦渭平的一篇文章《手机的故事》，内容如下：

从电话机、BP机到羡慕别人的"砖头块"开始，从拥有第一部手机到今天的智能手机，手机的样式一直在变——直板、翻盖、滑盖、旋盖和正在流行的大屏智能机，应该换了不下10部了吧！其实每次换手机除了旧手机丢失因素，更多时候是因手机"落伍"而更换。……今天，手机已经成为我们生活中必不可少的一部分，身边每天也在上演着不同的手机故事：从模拟机到数字机，再到3G、4G，从短消息到彩信，再到现在的高清视频通话，从砖头大小的"大哥大"到现在的电话手表，手机从外观到功能都发生了翻天覆地的变化。

这篇文章通过手机外观的变化见证我国百姓生活的变迁，反映了我国改革开放40多年来的经济发展与社会进步。这就是生动的网络课程资源，既有利于学生理解新科技革命的影响，又有利于培养学生改革创新思想观念。

关注身边生活　演绎精彩历史

社会上很多文艺作品注意从历史遗存与典籍中获取灵感，这些作品往往是历史文化的现实演绎，如"凤凰传奇"以及周杰伦的歌词就很有历史文化韵味。笔者在历史教学中适时引用这些作品，不仅激发了学生学习的热情，还有利于学生理解相关历史知识。长期观察社会，收集整理口碑类生活化历史课程资源，适时将之切入历史课堂教学中，将现实与历史结合，往往能起到意想不到的效果。

历史教师要多关注生活，阅读社会，才能活化教学课堂，跳出学科教学科。一段历史、一则新闻、一位名人等都能引出教学的主题。一首诗词，一副对联，或者是一句话，都可以让学生沉思、领悟，然后珍藏到永远。

第三节　实地考证开发文物胜景类生活化历史课程资源

丰富多彩的历史，不仅记载于历史教科书或历史著作里，更蕴藏在我们熟悉的街头巷尾或山间小路之中。正所谓山水多情，文物孕育历史故事，胜景也体现文化传承。许许多多的文物胜景是凝固的历史，透过这些文物胜景的现状与变迁，有利于我们更好地了解自己家乡历史的变迁。开发此类非文字的历史课程资源，能以特定的历史遗存把学生重新带回特定的历史情景之中，使抽象的历史形象化。

一、设计思想

开发文物胜景历史课程资源，不仅能激发学生的兴趣，还能增加学生学习历史的方法和途径。学生不仅能在文献中寻找历史，还能在遗物中发现历史，在考察与调查甚至旅游中学习历史。挖掘文物胜景背后的历史故事，透过这一件件凝固的历史文物，穿越历史的时间隧道，走进本地历史深处，认识本地的文化内涵，感悟乡土与传统文化的精神，把热爱祖国的情感融会到热爱自己家乡的文物胜景之中。

二、开发途径与步骤

（一）听文物胜景概说，激发学生学习兴趣

每一处文物胜景都有其独特之处，或有神奇传说，或秀美迷人，足以让学生神往。许多景观还有名人与名句、名亭与名联，适时介绍当地文物胜景，可以激发学生学习的兴趣，从而启动开发资源的活动。

（二）看文物胜景真貌，触摸历史的痕迹

以参观考察、收集实物与图片资料为主要方法，主要进行看、听、记、集的工作。由教师组织学生进行考察活动，游览历史遗址、名胜古迹、革命纪念地等，发动学生收集与某历史现象有关的一些文物，拍摄一些历史古迹文物的照片，记录所见所闻，把收集的资料按实物的、文本的、口碑的文化载体分类汇集起来，形成有关景物的文化内容，实现文物胜景载体的转换与保存。

（三）思考文物胜景之内容，鉴别文物的真实性与价值性

对于初中学生来说，开发文物胜景历史课程资源的重点是激发学生学习兴趣，对高中学生来说则应上升为使其具有鉴别文物的能力，能鉴别文物的真伪，并通过有形物质体会出其无形的文化内涵。对文物资料的鉴别分两个层次。

第一个层次，鉴别文物及相关资料的真实性与典型性。从文物资料看，引导学生学习考古知识，用科技手段测试其真伪。从内容看，采用

笔者（后排左二）带学生考察洪秀全活动遗迹——贵港市庆丰乡赐谷村（今西谷村）"天王井"

联系印证法来判断其可信度，即从文物内的图像、文字、标志物等信息对照当时的历史特点进行鉴别，用文字资料来佐证文物。对文物的口碑材料更需鉴别其真实性与典型性。口碑流传过程本身就是一个改编过程，人们的记忆往往是有选择性的，带有很强的感情色彩和个人主观动机。对口碑与文字资料的鉴别特别强调培养学生的批判性思维，以此审视日常生活及文本中的各种信息，区分出口碑或文字资料中的历史事实与个人观点。具体做法：一是运用社会背景分析法，把口碑材料与当时的社会条件比对，看其是否符合实际与情理。二是采用个体口碑与集体口碑互相说明、互相补充的方法，通过全面的调查访谈，形成历史学中所说的"集体记忆拷问个体记忆"的方法。三是以文字、实物、口碑对比印证，使材料有足够的可信度与典型性。

第二个层次，鉴别文物资料的价值性。在鉴别文物资料真实性的基础上，指导学生对文物内容进行纵深的挖掘，通过一些图片或实物引出相关的历史典故、名人逸事、文化渊源等内容，并从中探究出历史的真相，思考文物胜景创造者的愿望与智慧、当地人的情感与态度，领悟出生活哲理与乡土精神，最终理解其体现的历史与现实意义。具体做法：第一，引导学生从文物胜景本身（形状、质地、图像、文字、标志物等）获取当

学生对文物鉴赏

时人们生产生活的基本信息。第二，查看有关的文字资料、口碑资料，了解文物胜景形成的时代背景及相关的社会内容，从而理解其隐含的社会意义。第三，通过表演有关文物胜景的文艺节目或制作文物胜景的模型，从中体会文物胜景隐含的情感因素及创造者的智慧。

（四）说说文物胜景，谈谈自己的感受

通过展示会、故事会、讨论会等形式让学生介绍某文物胜景及其文化精神。谈谈参观或考察后的真实感受，提出宣传、开发、保护家乡名胜古迹的建议，包括根据文物胜景的自然特点与人文特点编写导游词和

广告词等。

（五）汇集开发资源成果，编写文物胜景文集

把学生收集的文物资料、研究文章及制作的物品汇集起来，做成一本小册子，展出于相应的旅游景点之中，对文物胜景起到宣传的作用。

三、教案及分析

（一）以"太平天国在贵港"考察记（片段）为例

1.做法。

在听取了贵港市太平天国史研究专家的讲座，明确了如何收集历史资料以后，0115班全体同学于2002年12月15日，在指导老师的带领下到贵港市太平天国起义旧址进行实地参观和社会调查。

首先，来到洪秀全在广西的第一个活动地——贵港市庆丰乡赐谷村，看到两件很有价值的文物，即天王井与洪秀全曾教书的学校旧门槛一个。

其次，来到赐谷村附近的凤凰冲，参观了洪秀全到广西建立第一个拜上帝会的活动旧址。一些同学对具体的地址与纪念碑文产生了疑问，决定对此进行研究性学习以鉴别其真实性。

最后，来到紫荆山区与金田村，找到了当年太平天国练兵场、团营地、犀牛岭附近兵器制造地、密藏兵器的犀牛潭，以及当时太平军与清军激战的旧址。看到1974年自治区文物考古工作队在韦昌辉故居旧址处挖出的铁渣、

地方史专家（右一）给学生介绍历史遗址赐谷村凤凰冲

矛头、青瓷、碗碟等物品，同学们把这些实物以拍照的形式记录下来。除了听取公园导游的讲解外，还走访了当地的村委、纪念馆的负责人及当地群众，从他们口中得到很多有价值的口碑资料。

在参观考察后，全班学生组成了四个研究性学习小组，研究议题分别

关注身边生活 演绎精彩历史

是：对凤凰冲拜上帝会纪念碑址与碑文之考证；太平天国选址贵港之原因；贵港市"天国游"设计路线图；太平天国革命旧址的现实意义何在？

带着议题，学生访谈了贵港市太平天国史的学者，查阅了三区两县市的图书馆、文史馆等有关资料。经过一个多月的考察，各小组对议题进行深入研究和交流，指出凤凰冲拜上帝会纪念碑文的错误和修改意见；绘制了一幅太平天国在贵港活动路线电子地图；提出了贵港市、桂平市、平南县联动，学校与公园合作开发太平天国革命旧址旅游业的建议。

2.思考与分析。

（1）静态的文物胜景如何能才能"活"起来？

激活文物胜景资源的实质也是一个参观考察、开发资源的实效性问题，本次"太平天国在贵港"考察活动，不是让学生单纯欣赏风景，而是把听、看、说、写结合起来，不仅看到历史文物胜景的细节，还了解了文物背后的文化内涵，发现文物胜景的教育价值与经济价值。这样一来静态的文物胜景就"活"起来了，这个过程有利于养成学生必备的学科核心素养。

（2）文物胜景文化的开发活动怎样培养学生的历史学科能力呢？

本教案中，学生通过采访、记录、拍照、绘画与模型制作等体验性探究活动充分发挥了高中学生的批判性思维，敢于对有关文物提出质疑，并对之进行了认真地鉴别考证。他们从地理、宗教、军事等几方面进行分析。首先，以访谈人物及查阅文献资料来考证凤凰冲拜上帝会纪念碑址与碑文的错误，提出了迁址与改写碑文的建议；其次，从太平天国选择紫荆山区为起义地的思考，

笔者（二排左三）带学生参观太平天国金田起义纪念馆

分析19世纪四五十年代贵港的社会发展状况；最后，提出太平天国革命旧址对今天贵港发展的意义，为贵港市历史文化旅游发展出谋划策，绘

制了太平天国在贵港活动路线电子地图。这次考察既培养了学生鉴别太平天国文物的真实性和价值的能力，又培养了学生利用历史遗址促进当地经济与社会发展的能力。

第四节　以研究性学习开发主题类生活化历史课程资源

生活化历史课程资源是由当地人民创造和积累的乡土知识和经验，与当地的社会生活密切联系，利于帮助学生更好地获得生活经验，树立学习与发展的自信心。这些知识与经验又具有明显的实践性和动态性，开发利用这些资源应以活动形态为主，即开展围绕某一主题的研究性学习活动，在活动中开发，在开发中利用。

开发主题类生活化历史课程资源可针对学校周边的名人、名事、名胜，以及生源地富有的民族特色的文化入手，从近到远，逐次推进，开展研究性学习。如南宁一中历史组开展了南宁一中名人名事课程资源、邕州老城名胜名食课程资源、南宁一中生源地民族文化课程资源等研究性学习。这些研究性学习注重学习的过程与活动评价，尤其注重学习过程中的历史习作（论文）、历史制作（历史小图片、小绘画、小雕塑、小模型等）、历史调查（调查报告与调查表等），同时也兼顾一定的知识与能力的考试。

研究性学习的核心是以问题、专题、项目为出发点，以问题带动学生去关注现实、收集资料。经分析、对比、考证，实现生活化历史课程资源的挖掘、呈现。再通过师生、生生之间相互交流、辩论，加以补充完善，这样不仅能达成认识，解决问题，还能将碎片式的资料整理系列化，达到资源开发利用的最佳效果。课题组采取由近及远的推动步骤，通过研究性学习活动，开发利用不同层次的历史课程资源，经整理形成校本课程。

开展主题类生活化历史课程资源的研究性学习活动，从生活走进历史，让历史走进生活，从现实可感知的体验中追溯历史。笔者所在的南宁一中是一所有着百年历史的老学校，是广西壮族自治区示范性普通高中，其渊源可以追溯到明朝中后期进行心学濡化教育的西郭书院。南宁一中地处西乡塘区云亭街56号，此处曾是南宁明清及民国时期繁华的城区，见证了南宁的繁荣及时代的变迁。围绕南宁一中开展地域生活化历史课程资源开发的研究性学习活动，有利于学生了解地方文化，同时更好地理解中国古代及近现代发展史。笔者曾带领南宁一中历史组开展了南宁一中地域文化的课程资源的开发活动，包括四个方面的内容：一是百年老校历史沧桑——南宁一中校史文化的课程资源开发利用；二是老城家族蕴传统——家族文化的历史课程资源开发利用；三是老城节庆话民俗——民俗风情的历史课程资源开发利用；四是老城面貌谈改革——家乡面貌的历史课程资源开发利用。

一、百年老校历史沧桑——南宁一中校史文化的课程资源开发利用

南宁一中创办于1918年，历经沧桑，学校源起西郭书院，与唐宋时期的太子庙、明清的崇善寺又有着直接的关联，还引来游圣徐霞客驻留写作，历史文化底蕴深厚。学校作为示范性高中，以科技、体育特色闻名遐迩。针对南宁一中悠久的校史资源优势和区域历史资源优势，发掘丰富而有地方特色的历史课程资源，开发校本课程，使历史走向民间、走向地方，走出一条有特色的办学道路。

南宁一中校史文化历史课程资源的开发，抓住南宁一中名人名事来进行，包括两个方面的内容：一是南宁一中之友徐霞客；二是从南宁一中历史看中国的教育。

（一）教案一："南宁一中之友徐霞客"

1.课程资源开发的评估。

学生对南宁一中历史的了解需求评估——百年老校的历史文化积淀，南宁一中的名人名事都是激发学生爱校尚学的动力。

南宁一中历史名人的资源优势评估——明朝著名旅行家、地理学家徐霞客在南宁一中驻留的历史记载，徐霞客在南宁一中周边活动的记载与遗迹众多。

课程资源开发的有利条件评估——南宁一中的办学理念、软硬件设施，以及现代信息网络媒体的技术支持。

课程资源开发的师资条件——南宁一中历史组对课程研究有一定成果。如学校黄小飞老师主持的历史组市级规划课题。

南宁一中内的徐霞客雕像

2.课程资源开发的目标。

总目标：利用历史资源开发"南宁一中之友徐霞客"的校本课程，传承历史人文精神，弘扬南宁一中文化传统，为南宁一中将来的更大发展铺就道路。

具体目标：了解徐霞客在南宁一中周边考察活动、徐霞客与南宁一中的历史渊源，增强学生的自豪感；分组合作学习，提升学生的合作、探究、展示、反思等自主学习能力，激发学生对历史学习的兴趣，享受学习历史的乐趣。

3.课程资源开发的方式。

一是开讲座，讲故事。开设历史讲座，学习徐霞客在南宁活动的事迹。二是查文献，集资料。小组开展调查，多途径查阅资料，采访相关人士，提高自身收集信息的能力。对第一手原始资料和信息进行整理、取舍、整合加工。三是展示交流，总结提升。开展"南宁一中之友徐霞客"研究成果的各种展示活动，提高学生组织与表达等方面的能力，形成小传记、小论文等成果。四是开展活动。开展板报墙报、小图片、小绘画、小雕塑、摄影、电子路线图、相关网页等制作活动。五是建设徐霞客名人主题校园文化。包括雕像、校史墙报、校歌、新生教育课等内容。

4.课程资源开发的过程。

（1）主题一：追寻徐霞客足迹，了解祖国大地。

内容一：徐霞客走天下。

活动一：图片欣赏。

教师向学生展示徐霞客考察过的名山名水图片，让学生了解徐霞客走遍祖国大好河山的足迹：太湖（江苏）、泰山（山东）、盘山（河北）、

关注身边生活　演绎精彩历史

44

雁荡山与落迦山（浙江）、五台山（山西）、华山（陕西）、衡山（湖南）、七星岩与漓江（广西）、鸡足山（云南）。

活动二：画出徐霞客游全国的路线图。

教师提供中国行政区地图，由学生根据《徐霞客游记》的文本记述或教师讲课提供的图片，亲手在地图上画出徐霞客游全国的路线图。教师通过比较找出学生知识与能力的不足，完善学生的知识结构。

内容二：徐霞客游广西。

活动一：视频欣赏。

视频场景包括徐霞客到过的桂林、柳州、来宾、玉林、贵港等地的美景，把广西的山山水水充分呈现出来，让学生了解徐霞客游广西的经过。让学生在欣赏美景过程中产生热爱家乡、建设家乡的家国情怀。

活动二：讲解并画出路线图。

教师提供广西行政区地图，让学生概括视频欣赏所获的知识，在地图上画出徐霞客游广西的路线图。在画路线图过程中标出广西今天各地市县古今地名对照，如洛容（今柳州市鹿寨县）、融县（今柳州市融水苗族自治县）、浔州府（今桂平市）、郁林州（今玉林市）、永淳县（今横州市峦城镇）、南宁府（今南宁市）、太平府（今崇左市）、庆远府（今宜山市）、南丹州（今河池市南丹县）等，通过广西古今地名变迁来了解广西古代到近现代的发展史，让学生形成爱乡之情、建乡之责。

内容三：徐霞客到南宁。

活动一：画路线图拍摄实物照片。

首先，画出徐霞客游南宁路线图（包括古今地名对照）。让学生一边找出徐霞客走过南宁市具体地点，标出古今地名进行对照，一边在教师提供的南宁市行政地图上画出徐霞客游南宁的路线：乌蛮滩（今横州市郁江乌蛮滩）、横州宝华山（今横州市宝华山）、永淳县城（今横州市峦城镇）、青秀山（今南宁青秀山风景区）、豹子石（今南宁市柳沙半岛）、建武驿（今南宁市民生码头附近）、崇善寺（今南宁市第一中学）、镇北桥（今南宁市交易场附近仍称镇北桥）、罗秀山（今南宁市西乡塘区安吉一带）、望仙坡（今南宁市人民公园）、天宁寺（今南宁市解放路，已毁）、天妃宫（今南宁市民生广场大坑口一带），等等，便于学生了解家乡历史。

其次，拍摄徐霞客曾游地的新变化。指导学生利用双休日或节假日，把徐霞客游南宁经过的主要地点的风景或建筑物用相机拍摄下来，找到明清或民国时期南宁的老照片进行对比。以独特视角来反映南宁市历史发展。

活动二：讲一讲徐霞客曾游地的地理特色。

师生查阅资料，讲述以下地理故事：青山松涛（青秀山）；豹子低头吞两江（柳沙半岛）；水运码头变胜景（民生广场）；佛门故事成就名校风骨（南宁一中云亭校区）；镇北桥畔，永远繁忙（南宁西关路镇北桥）；罗峰一脉，虎跃龙腾（罗秀峰）；望仙怀古，美好梦想（望仙坡）；三江汇合，邕江春泛（邕江）；扬美古镇，石奇水秀（扬美古镇）。

以秀美风景、美好传说激发学生兴趣，培养学生热爱南宁，建设南宁的热情。

（2）主题二：跟随徐霞客笔触，体会旅游之乐。

内容一：徐霞客探险七星岩、畅游漓江。

活动一：观看七星公园、漓江宣传片。

活动二：阅读《徐霞客游记·粤西游日记一》游七星岩、漓江东岸的内容（部分），讲解七星岩、漓江地理特点与传说故事。

活动三：画出七星岩七峰、漓江简图并欣赏相关图片。

（3）主题三：徐霞客最眷恋的壮乡仙境——上林。

活动一：视频欣赏《醉美上林》。

笔者（左一）带课题组到上林县考察

活动二：阅读史料《徐霞客游记·粤西游日记四》上林篇。

活动三：说一说"徐霞客行走上林的故事"。

活动四：学习考证"我所考证的上林地名的古今称谓"。

（4）主题四：品味徐霞客的精神，充实南宁一中校园文化。

南宁一中校史文化的课程资源开发主要通过品味徐霞客行为体现出来的徐霞客精神，探寻徐霞客精神与南宁一中文化特别是南宁一中校训之间的关系，助力南宁一中校园文化建设。主要从以下四个方面进行归纳：

一是踏遍青山游历全国看勤勉；二是问奇山川盛赞山河看爱国；三是一诺千金护友西行看厚德；四是读万卷书行万里路看尚实。

在教师指导下，研究性学习小组编写论文，以国旗下讲话的方式向全校师生汇报。

（二）教案二："从南宁一中历史看中国的教育"

1.西郭书院，心学濡化教育（1550年至明朝末年）。

南宁市第一中学源起于西郭书院。据《南宁市志》和《邕宁县志》记载，明嘉靖二十九年（1550年），知府王贞吉将府城西5里（2.5公里）的崇善寺改建成西郭书院。正厅牌匾上写着"尊贤育才"四个大字，书院前有大门，后有大厅，左右为房舍，这就是南宁一中的历史文脉。

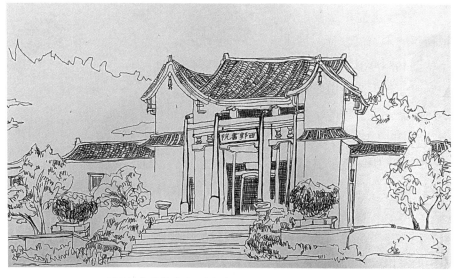

西郭书院想象图（南宁一中教师韦熙熙　绘）

第三章　开发生活化历史课程资源的主要途径

西郭书院的建立正好处于明朝心学盛行时期，心学集成者王阳明南下广西平叛，为破"心中贼"，大力弘扬儒学教育，主张知行合一致良知，西郭书院正是儒学教育发展的一个缩影。明朝末年，西郭书院被改为崇善寺，也是明朝走向衰落的表现。

徐霞客于明崇祯十年（1637年）8月20日至12月11日，对南宁及其周边进行了4个月的旅游和考察。当年徐霞客游历抵邕时，曾在崇善寺（今南宁一中云亭校区综合楼西头边，2003年学校在新教学楼施工中挖出一块刻有"重建崇善寺碑记"字样的石碑，顶柱石两个，后移交南宁市博物馆，现存于南宁市粤东会馆）住过一段时间，同游僧侣静闻和尚因病寄榻崇善寺并病逝于此。为完成静闻和尚临终时表达要将骨灰安葬在云南鸡足山的遗愿，徐霞客在崇善寺为静闻和尚办妥后事后，即与仆人顾行离别南宁。

徐霞客矢志不渝、坚忍不拔的人生追求，不畏艰难、吃苦耐劳的优秀品质，热爱祖国、献身科学、尊重实践的探索精神，是当代学子取之不尽的精神财富。崇善寺所蕴含的珍重友情、爱学崇善的精神也为南宁一中校园文化奠定了厚实的历史文化基础。

2.邕宁县立中学校，民国初年的军国民教育（1918年秋至1934年）。

1911年由孙中山等资产阶级革命党人领导的辛亥革命推翻了清王朝的封建统治，结束了中国两千多年的封建帝制，建立了中华民国。尽管后来被北洋军阀篡权，但民主共和已成为不可逆转之潮流。民国初年推行共和教育与保家卫国的军国民教育，各地广泛建立新式学校。

邕宁县立中学校的校门

1918年秋，邕宁县立中学校成立，这是南宁一中创制之始。校址设在邕宁县（今南宁市）镇北桥附近的石神庙。石神庙位于现在的西关路小学。

1924年，邕宁县府将位于茶亭街（今云亭街）的太子庙、崇善寺修葺后合二为一，将邕宁县立中学从石神庙迁入，从此南宁一中校址固定下来。

邕宁县立中学校以共和教育及军国民教育为宗旨，广泛参加反帝爱国主义运动。1919年5月4日，由北京大学学生发起的五四运动爆发，迅速向全国各界扩展，广西南宁也加入了革命洪流之中。6月，南宁的学生举行大会，约3000名学生参与示威游行。队伍经过河堤路、中山路、兴宁路、民生路、德邻路（今解放路）、卫国路红会医院门前转自强路至邕江饭店，声援北京学生的正义斗争，吓得日本人狼狈逃窜。（载于《广西日报》，1979年5月7日，对当事人的采访报道）刚刚成立一年的邕宁县立中学学生成为示威游行的主力之一，充分体现了学校的爱国主义精神。

研究性学习小组所画邕宁县立中学校学生参加五四运动

3.省立邕宁县国民中学，民国时期的国民教育（1935年9月至1949年11月）。

1935年秋，广西在全省推行"国民基础教育运动"，颁令全省每个县都要建一所国民中学，这是当时广西在实施中等教育过程中独创的一项新的教育制度。在这种形势下，1935年9月，邕宁县立中学校改制为省立邕宁县国民中学，几经迁址，最终又回到茶亭街（今云亭街）原址复课。

省立邕宁县国民中学的学生积极参加抗日救亡运动，成为当时抗日学生军的主力，为昆仑关战役胜利乃至全国抗战胜利作出了应有的贡献。

抗战胜利之后，师生参加"反内战、反饥饿、反迫害、反摧残教育"的学生运动，为反独裁求民主、迎接南宁市解放做了大量工作。

邕宁县国民中学想象图（南宁一中教师陆勉译 绘）

4.南宁市立中学（1949年至1950年）。

1949年12月，南宁解放，省立邕宁县国民中学由南宁市人民政府接管，更名为南宁市立中学。中学的更名，反映了南宁市划时代的历史变革。

研究性学习小组从昆仑关战役纪念馆拍摄的学生军遗书

5.南宁市第一中学，人民教育（1950年至1966年）。

1950年3月，南宁市立中学与广西师范附中合并，同年私立黄花岗中学部分班级、南宁华侨中学等先后并入。南宁市立中学由南宁市人民政府正式命名为南宁市第一中学。

情景体验：什么是人民教育？

资料一：农工娃娃进学堂，工人农民学习忙（南宁一中生源、南宁一中党团支部等图片）。

资料二：学校课程大变样，服务建设新思想（南宁一中及全国课程设置及内容变化）。

问题：结合材料，谈谈新中国成立后，我国教育事业有了哪些重大变化？为什么得到较快的发展？

引导学生思考变化角度：首先是教育性质（对象、专业、课程）；其次是教育方针以及教育体制；最后是教育体系。

思考原因：人民民主政权建立，制定并全面贯彻了正确的教育方针。

6.奋进的南宁一中，中国教育大发展（1978年至今）。

微观人物：学长人生，教育复兴缩影。

"韦某某，教授。1950年1月生，1968年南宁一中毕业，1969年作为知识青年到黑龙江'上山下乡'。1978年3月考进厦门大学经济学系；1982年2月大学毕业后分配到统计局工作，1985年进入广西财经大学任教……1998年考入北京师范大学攻读国际金融博士学位；1996年至1997年在美国斯坦福大学亚太研究中心做高级访问学者……"

问题：结合所学知识，谈谈学长成功的主要原因有哪些？

情景体会：南宁一中风采，体现什么教育方向？

资料：南宁一中学生科技创新、出国交流、关注可持续发展的图文与视频资料，以此让学生切身理解改革开放后中国教育的三个面向：面向现代化，面向世界，面向未来。

南宁一中学生参加全国中学生科技创新大赛

7.南宁一中的未来，我出奇招。

发动学生以自由谈的方式，寻找南宁一中发展现存的问题，并思考对策，进而上升到为国家教育发展献计献策。

8.歌颂南宁一中，校歌《一路弦歌》的编写。

南宁市特级教师廖寿传工作室全体成员积极参与校歌《一路弦歌》的编写，在校歌中把南宁一中的历史生动地反映出来，并从中领悟中国的发展方向。

一路弦歌

原版
1=C 2/4 4/4

(5̲ 1̲ | 1· 2 3 - | 6̲ 5̲ 3· 1̲ 6̲ | 6̲ 3̲ 5̲ 2· 6̲ | 4· 3̲ 2̲ 2̲ 3̲ |

啊

3̲ 1 - 1 0 7̲ 1̲ 4̲ | 4̲ 3̲ 1· 6̣̲ | 5̣ - - 0)

mf 稍慢 回忆地 深情地

| 5̣̲ 1̲ 1̲ 2̲ 3̲ | 5̲ 5̲ 6̲ 3·0 | 1̲̇ 5̲ 5̲ 6̲ 3 | 5̲ 4̲ 3̲ 2·0 |

汤汤邕水畔，嘉靖圣庠； 昔云亭幽幽，微微羲 光。

3̲ 3̲ 5̲ 6̲ | 2̲ 3̲ 7̲ 5̲ 6·0 | 1̲̇ 5̲ 6̲ 3̲ 3 | 5·5̲ 2̲ 3 | 1 - - 0 |

西郭声琅琅，天 下 文章。 西郭声琅琅，天 下 文 章 。

| 1̲ 3̲ 5̲ 3̲ | 1̲ 1̲ 3̲ 5̲ 3̲ | 1̲ 1̲ 3̲ 1̲ 1̲ 3 | 2̲ 2̲ 2̲ 4̲ 2 | 2̲ 3̲ 1̲ 1̲ | 2̲ 2̲ 5̲ 5̲ |

1̲ 2̲ 3̲ 1̲ 5̣ | 5̣̲ 3̲ 5̲ 5̲ 1̲ 1)

f 中速 稍快 朝气地 自豪地

‖: 1̲ 3·4̲ | 5̲ 5 | 1̲̇ 1·7̲ | 5 0 | 6̲ 6̲ | 5̲ 3 | 5̲ 1̲ 3 | 2 0 |

1. 芸芸 众生，欢畅一 堂； 尚真 务实， 求索无 疆。
2. 感恩 亭前，教诲勿 忘； 五四 星火， 报国兴 邦；

3̲ 3̲ | 5̲ 6̲ 6̲ | 2̲ 2̲ 3̲ 7̲ 5̲ | 6 0 | 1̲̇ 5 | 6̲ 3 | 5·5̲ 2̲ 3 |

厚德 载 物，勤勉 自 强。 一主 两 翼，竞妍怒
钟灵 毓 秀，国中 焕 象。 潮起 江 阔，风正帆

f 中速 深情地 自豪地

1 0 | 5̲ 1̲ 1̲ 2̲ 3 | 5̲ 5̲ 6̲ 3 0 | 1̲̇ 5̲ 6̲ 3 | 5̲ 4̲ 3̲ 2̲ 0 ‖

放。 无声 润 物春意 盎， 莘莘学子 梦飞 扬，
扬。 沧桑 砥 砺弥芬 芳， 示范高中 新华 章，

关注身边生活 演绎精彩历史

52

本歌曲是以颜丽增老师为核心的集体创作，由颜丽增和廖寿传作词，颜丽增作曲。

《一路弦歌》映射出南宁一中历史文化的厚重感，这是校园文化的根。它传承南宁一中的办学理念、办学风格，歌词有文化底蕴，文艺气息。它成为南宁一中每年新生教育、历史课程教育的重要资源。

（三）总结

学校优势课程资源开发，必须寻找独有的地域特色与校情特色的历史文化资源作为开发的主题。南宁一中地处南宁市老城区，从明清以来直至改革开放前，本地区都是南宁市乃至广西经济文化繁荣发达的地区，南宁市的老式建筑、传统戏剧、传统美食等都汇聚于此，深厚的历史文化底蕴是南宁一中的特色。学校积极参与了五四运动，组织或参与过抗日救亡的学生军运动和反内战求民主斗争，具有抒发红色情感、传承红色基因的优势。这些都是开发利用南宁一中学校优势课程资源的根基。学校优势课程资源开发活动的形式是丰富多彩的，除了课堂渗透、研究性活动之外，还可以通过名人主题校园文化建设、各种展示等活动，特别是一些体验性或探究性活动项目，把优势文化资源开发利用落实下来，发挥持久的教育作用。南宁一中历史组除了在五四运动、抗日战争、新中国教育等课堂渗透外，还开展了追寻徐霞客足迹、体味徐霞客文化的研究性学习活动，开设"南宁一中历史"新生教育课程、"南宁一中之友徐霞客"校本课程，在校园树立了徐霞客塑像，展出南宁一中从文脉渊源到今天发展的各个时期的校史展板，使学校优势课程资源真正变成了学校教育教学的优势。

二、老城家族蕴传统——家族文化的历史课程资源开发利用

（一）设计思想

家族是社会的基本单位，每个家族都有自己的家风、家训，每个家族都有自己的发展历史，有着无限精彩的故事，蕴含向上发展的不竭精神动力。家族的迁移发展、兴衰变化，无不打下时代的烙印，折射出民族、国家乃至世界历史发展的基本脉络，反映出历史发展的一般规律。

在中国传统文化中，家族文化是一种具有深远而普遍影响的文化与精神。所谓家族文化，是指在自然村落范围内以血缘和婚姻关系结成的

人类生活的组织形式以及由此产生的种种体制、行为、观念和心态等。家族价值观、伦理观、本位观通过族谱、祠堂、口碑、家居模式、习俗行为表现出来。家族文化的作用不仅仅在于寻宗觅祖，更在于它以其特殊的血缘文化记录了中华民族形成、演变到今天的五千年社会进化史。每个家族的变化都从不同侧面反映了国家与社会的变化，成为社会历史发展的具体线索。家族文化的历史课程资源开发利用，实行由近及远的空间扩展策略，使历史变得具体生动、富有魅力，利于学生以小见大，学好地方乃至全国的历史。

每个家族都有其独特的人物、实物与图片等资源，也有各家族交流与融合的共性情况，通过开发家族文化历史课程资源，可以让学生体会家族先辈的艰辛，感知家族历史之悠久，培养不忘先辈、爱家爱乡的伦理道德，进而引导学生传承良好家风、树立社会新风尚，传播正能量，弘扬爱国主义精神，促进社会文明和谐发展。

（二）开发家族文化历史课程资源的操作流程及注意问题

1.操作流程。

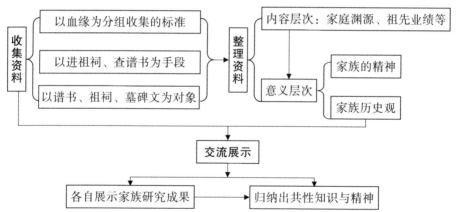

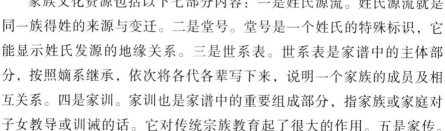

家族文化资源包括以下七部分内容：一是姓氏源流。姓氏源流就是同一族得姓的来源与变迁。二是堂号。堂号是一个姓氏的特殊标识，它能显示姓氏发源的地缘关系。三是世系表。世系表是家谱中的主体部分，按照嫡系继承，依次将各代各辈写下来，说明一个家族的成员及相互关系。四是家训。家训也是家谱中的重要组成部分，指家族或家庭对子女教导或训诫的话。它对传统宗族教育起了很大的作用。五是家传。家传是用来记述家族中有名望、有功绩的人的事迹，以传示其子孙的传

记。六是艺文著述。以家族中名人所写的诗文著作为主要内容，也收集了本族人与外人的书信来函以及经籍、表策、碑文、书札等，从

一门三进士的南宁刘圩镇刘圩街钟家堂号牌匾

形式到内容都十分丰富。七是家谱图像。家族的图片材料，如老照片、祖先图片、祠堂图、故居图等，一张好的图片、照片能将时代的精神面貌和特质传达出来，为家族传承提供了一个最直接的环境背景。

2.注意问题。

（1）抓住血缘关系进行开发工作。

家族文化是以血缘为纽带形成的，不同的姓氏家族有着不同的居住区域、不同的家风家训、不同的文化载体。开发家族文化历史课程资源应按姓氏家族来分组分工，这样最有利于资料的收集。

（2）访老人、查谱书、看祖祠是开发家族文化历史课程资源的主要方法。

家族文化的载体大多存在于家庭之中，有族谱、祖祠、故居、宗教礼仪、习俗活动、老照片、老人回忆与讲故事等。其中祖祠、族谱在农村地区分布最广，保存得最好。一个祖祠就是一个家族的象征，能强化家族意识；一本族谱就是一部家族的发展史，能折射社会的发展与风土人情的变迁。收集谱书、祖祠

笔者（右二）指导研究性学习小组访谈家族中的老人

物品与墓碑文等反映家族文化的资料还要调动家长的积极性，使之成为支持参与的重要力量。

（3）家族文化历史课程资源开发利用的主要目标。

培养学生分析个人与集体、家族与国家的辩证关系，处理家族内外关系的能力，形成家族、民族、国家共进退的历史观。

（三）教师指导提升方略

在家族文化历史课程资源开发利用过程中，教师指导的重点在于提高学生分析问题的能力。除了引导学生分类整理有关家族渊源、祖先的业绩、迁徙与人口、婚姻家庭等的资料之外，还可以引导学生动手制作有关家族文化的作品，如在地图上标注本家族居住过的地点，画出其迁移路线；制作一份完整的家谱，包括姓名、出生地、最早到达当地的时间等。在这一过程中最重要的是要处理好家族与民族、国家的关系。第一，挖掘家族的家风家训，弘扬其扬善抑恶的精神，以此促进社会的稳定发展。第二，注意引导学生消除本家族至上，贬低他姓的观念。互相尊重各家族文化的差异性，找出各家族的共性与联系，归纳出家族的一般知识，形成共同的民族认识。第三，通过了解各家族的人口分布与婚姻情况，促进各地包括港澳台甚至海外宗亲和家庭内部交流沟通，以亲情增强民族凝聚力与向心力。第四，引导学生扩展家族文化历史课程资源开发利用的视野。从了解本家族历史，到研究本地各家族分布与相互关系，上升为本地的乡土文化。并通过联系国家及世界发展历史，弄清家族历史发展与国家历史发展的关系，使学生对自己家族历史的体验与对国家历史的认识紧密相连起来，认识家族、民族、国家生存发展一体相连的关系。这样，学生就能做到以家见乡、以乡见国，从而形成个人、家族、民族、国家共进退的历史观。

（四）教案及分析："姓氏、籍贯、移民"①

深圳市东湖中学的胡江平老师曾指导过一节课堂活动探究课"姓氏、籍贯、移民"，主题虽然不是开发家族文化历史课程资源，但是可以给我们很好的借鉴与启发，特借用为证。

1.做法。

（在课前调查整理姓氏等历史资源的基础上，开展探究性学习展示课）

第一步：从一个家族标志的物品引出话题——姓氏承载了什么样的

---

① 胡江平：《姓氏、籍贯、移民》，《中学历史教学》2003年第6期。

文化信息。

第二步，由各姓氏同学代表介绍或展示有关本姓氏的知识。师生互相质询、补充，纠正错误，归纳出姓氏的规律性知识。

第三步，引导学生弄清家族与血缘的不可改变的关系，培养学生对家庭家族的认同感与敬祖崇德的精神，加强爱父母、爱家庭的思想教育。

第四步，引导学生抢答有关本姓氏的成语或文化现象，从而引发对自己的激励。加强对家庭家族祖先业绩的赞美，强化家庭家族的自豪感以及爱国爱家的精神。

第五步，引导学生列举姓氏在日常生活中的积极与消极影响，实现姓氏文化在现实中的功用。批判狭隘的宗族观念，弘扬睦邻亲情。

第六步，将姓氏问题扩展到籍贯与移民问题，引导学生进行研究与探讨。

第七步，探讨当地姓氏结构与社会原因。形成各家族与全国历史共进退的历史意识。

第八步，在总结前段探究活动经验教训的基础上，根据学生在课堂活动的兴趣点与热点，布置课后进一步探究的新课题。

2.思考。

家族文化影响甚巨，如何避免它与民族、国家主流思想背离？

3.分析。

家族文化的积极与消极影响混杂在一起，学生难以整理并挖掘出其积极意义，所以教师的导向作用就显得尤其必要了。本案中，教师据家族文化存在与作用方式的特点，除了课前指导分工收集资料之外，还在课堂上主要作了以下指导：

（1）及时引领学生的思维上升到价值观的高度。

教师参与活动，对学生零碎的知识进行归纳修正，形成规范的姓氏家族知识、意识导向等与姓氏有关的文化与精神。引导学生从身边生活事例讨论姓氏家族文化对生活的影响，弘扬其积极意义，剔除其封建性的糟粕，进行了去粗取精的传统文化教育工作。

（2）家族是地方与国家历史发展的缩影，形成对立统一矛盾，处理好家与乡、乡与国的关系至关重要。

本课例中，教师引导学生从探究展示本家族文化发展到探究本地各家族的构成与联系，形成当地各家族共同创造历史的认识，还进一步把姓氏家族变迁与全国乃至世界历史大势结合起来，引导学生分析原因，形成各姓氏各家族共同缔造中华文明的历史观，由爱家爱乡之情升华为爱国主义思想，从本质上实现历史课程资源开发由家族向国家向世界的历史视野扩展和思想深化，整堂探究课过程显得流畅自如，有广度。

　　本教案美中不足的是教师在学生以切身事例谈了姓氏的影响后，仅轻描淡写地指出了大姓歧视小姓的现象应该摒弃，而没有点明各姓氏的共性都是爱乡爱国的中华民族传统美德。在讨论了移民问题及原因后，教师没有从移民及当地城市发展引出各家族交往、各民族融合共同缔造中华文明的历史观，进而造成姓氏家族文化历史课程资源开发缺乏应有的高度。

　　一个家族的来源、迁徙的经历，蕴含了该家族生息、繁衍、婚姻、文化、族规、家约等家族文化。这就是生活化的身边历史，它附载着家族先人们感人至深的求生存求发展的艰苦奋斗历程，打上了时代的烙印，折射出历史文化的光辉。家族文化历史课程资源开发要抓住血缘这一纽带，以家族特有的历史文化资源透视历史，使学生有机会从家族的角度来看国家的历史，理解国家的历史。

三、老城节庆话民俗——民俗风情的历史课程资源开发利用

（一）设计思想

　　每个地区都会有自己独特的村规民约，精彩的传说故事，让人难忘的民俗风情。民俗风情是历史的产物，是在特定的社会、自然等诸种因素的影响和制约下逐渐形成较为稳固的心理定势，是存在于民间，世代传承，相沿成袭的生活模式①。民俗蕴含着当地人民的生产生活知识与经验、传统道德与品质、当地人民的审美与情感情操，也体现了中国五千年来人民的思想观念、生活习惯等。它通过寺庙、祠堂、牌坊等实物载体，家谱、乡规民约等文本载体，儿歌、俗语与故事等口碑载体表现出来。它能从不同侧面折射出时代的步伐和历史的涛声，传递以史为鉴的历史智慧，能使人从中感悟出当地的地方精神。通过对民俗风情的开发

① 吴忠军、王丽华：《中外民俗》，东北财经大学出版社，2001，第2页。

研究，帮助学生从中悟出人生哲理，形成正确的世界观、价值观和人生观。

（二）开发民俗风情历史课程资源的操作流程及注意问题

1.操作流程。

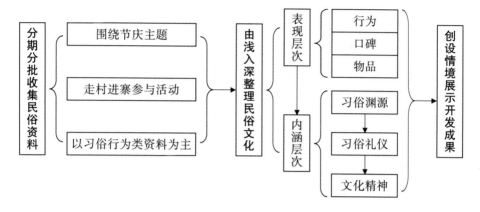

2.注意问题。

（1）以农村节庆为主题，采取分期分批开发策略。

虽然城乡各地都有节庆活动，但农村的节庆活动多，且具有特色，是民俗风情的集中表现。以农村节庆活动为主题，开展各有侧重、各具特色的研究性学习活动，把众多的民俗风情现象统筹起来，集中开发，增强实效。

（2）挖掘民俗风情的历史课程资源应以田野作业为主要方式，以参与活动为主要方法。

民俗风情主要集中于农村，大多是没有文字记载的社会现象，且往往是在节庆活动时才较集中地表现出来。教师必须引导学生带着历史的眼光穿行于田野乡间，走村串寨，才能收集到自然有趣的民俗风情资料。

民俗风情的表现形式是多姿多彩的民俗活动，动态有趣，便于人们参与。学生在活动中记录下各种民俗风情的表现及自己的感受，调查各种活动的来源，收集有关物品，制作有关民俗作品，就形成了民俗风情的历史课程资源。

（3）民俗风情历史课程资源开发利用重在对材料的整理加工，要培养学生挖掘乡土文化内涵、判断乡土文化精华与糟粕的能力。

首先，引导学生采用由浅入深的思路来分析整合民俗风情文化。

教师引导学生用心捕捉民俗风情无形的信息与思想，注重对它的意义和内涵的分析，由表及里，实现从有形到无形、从表现到意义的转换。这一过程实质上就是形成由浅入深的整理分析思路的过程：访谈民俗现象→寻找其渊源故事→揭示其文化精神→引出相关的文化如诗词等→尝试民俗风情文化的利用。通过深度的分析加工，找到蕴藏在传统文化里最朴实的东西与深层的意义，以便进入课程，发挥其教育作用。

其次，坚持社会主义文化方向，把握好批判和继承的原则。

民俗风情文化，大多具有意识形态性，它跟我们主流文化是融合还是对抗、是一致还是背离，事关民俗风情文化的发展和方向问题。民族风情课程资源的开发利用，要有正确的社会主义教育方向，必须按教育学育人性和发展性标准，进行认真的筛选工作，去粗取精，去伪存真。一些含有封建社会的消极因素，如"重情轻法""自我中心，盲目排外"等，必须彻底清除，以利于民俗文化健康成长。

最后，用现代精神引领乡土文化。

民俗风情是历史的产物，随时代的变迁而嬗变，与时代潮流相符的民俗风情才能永葆活力。所以，在活动开发中，要用现代思维来改造传统，把传统文化重塑为与时代背景相适应的精神观念，继续推动现代社

学生用舞蹈演绎民俗文化

会的进步。如汕头市私立广厦学校师生用花灯制作成"神舟五号"的造型，用现代的内容来充实传统的形式，实现传统与现代的融合，赋予传统民俗以时代色彩，让学生们在接受传统文化熏陶的同时学习现代科学知识，培养了科学精神。

（三）教案及分析："春节"（片段）

1.做法。

（展示前的准备：围绕"欢乐年华"主题，教师组织学生参与春节丰富多彩的活动，收集资料并制作有关物品，让学生们组成一个个模拟家庭，贴窗花、挂灯笼、吹气球、摆年货、写对联，在教室中布置出了一个个"乡村的家"，让学生进入特定的情境，感受浓浓乡情。）

师：……今天，各个家庭尽自己所知，拿出自己的绝活来个过年知识大比拼怎么样？（学生齐声说：好！）现在各家各户都正在忙碌着，哪家先来展示一下自己有特色的年货呢？

A家庭：先看看我A家的对联："书声方能振家声　农事乃为固国事"，横批是"耕读之家"。大家一看这副对联就知道我A家不一般。我们是书香门第，有知识分子气质，又不失农民劳动者本色，时时怀着学好文武艺，报效国家的爱国宏愿。比你B家那副"福禄寿禧"的对联强多了吧！

B家庭：我们这副对联具有乡村文化特色，体现了劳动人民改善生活的良好愿望，也说明我B家的忠诚老实。"福"字不能仅理解为钱财，它主要体现一种追求和平安定的思想，还与今天和平与发展的世界主流合拍呢！

C家庭：你们两家且慢争吵，看我C家的对联。"改革开放致富路　安定团结立国本"，横批是"与时俱进"。这副对联把平安稳定思想融入了改革开放的时代大潮之中。

师：其实大家的对联各有千秋，难分伯仲，关键是大家能否说出春联的来历及蕴含的精神呢？

D家庭：让我D家来露一手。听老人说，春联的起源是桃符（悬挂在大门两旁的长方形桃木板），寓意祛邪祈福；五代十国时期有人在桃木板上写联语，就成了对联，贴在门框上，一是增加新年的喜庆气氛，二是祈求来年有个好个运气。春联内容的不断变化反映了社会发展不同时代的不同风格。……解放初期，人们大多写一些感谢共产党、解放军及毛主席的对联，如"翻身莫忘本；饮水当思源""听毛主席话；跟共产党走"等。如今，中国特色社会主义进入新时代，改革开放促进了人民生活水平的提高，歌颂改革开放取得辉煌成就的对联成为主流，如刚才C家春联即是典型。有的春联还结合本地区本行业来写，富有地域性和行业性特点。如经商家庭的对联横批多贴"信誉第一"；务农家庭的对联横批多贴"人勤春早"。对联主要是表现人们辞旧迎新的喜悦心情和奋发向上的精神，反映人们追求幸福生活的美好愿望。

师：它还蕴含了一种思想，那就是大家写对联的共性：中国劳动人民爱家爱国、追求进步的精神。

（接着学生家庭又模拟贴年画、贴门神、祭拜祖宗、发压岁钱、烧鞭炮等民俗现象，探究其故事渊源，师生共同归纳其影响与精神。）

…………

H家：现在大家来看我家除夕最开心的时刻——吃年夜饭。看我H家年夜饭多有文化品位，吃"鱼"喻示我家"年年有余"；我家的饺子，外形像元宝；我家还准备了面条，喻示人人健康长寿；看电视时我们还要吃馄饨，象征一个好的开端。

师：吃年夜饭确实很有意思，吃个团圆饭，团团圆圆、热热闹闹正是千千万万中国人的一大心愿。不过大吃大喝，要预防肚子受不了！

师：春节的风俗给大家这么一说，让我大开眼界，有这么多的方式，又有这么多的寓意与愿望，那春节期间农村又有什么文艺活动呢？

生1：新年猜字或连词比赛。

生2：我小时候住在东兰县乡下外公家，春节时外公家有个"请"牛的活动很有意思。小孩拿着牛绳到河边，寻找有洞的石块（象征牛鼻），然后用牛绳拴上石头，带回自家牛栏中"养"起来。听外公说，他们很重视耕牛，此活动反映人们期盼农业发展、五谷丰登的美好愿望。

生3：新年乡里都举办体育比赛。

生4：看春节联欢晚会最过瘾。

师：春节联欢晚会还是中国传统文化的大展览，这是全国乃至全世界华人的盛会，象征着国家强盛、人民安康，也象征着辞旧迎新、开拓进取。

师：春节的风俗很多，活动不少。谁能用几句话把春节概括出来，并说出春节的精神核心呢？

生1：春节是中国最热闹的传统节日，最好玩。

生2：春节体现"合家团圆""普天同庆"的精神。

师：两位同学说得很实在，也很有意思。一到春节就特有那种浓浓的乡情与温馨。家人团聚，交流亲情，体现"人间骨肉，同此团圆"的民族心理。

师：春节有利又有弊，我们应该怎样对待春节呢？

生1：要利用春节期间多与家人拉拉家常，与远方的朋友通电话、发电子邮件互致贺词，加强情感的沟通。

生2：多参加健康有益的春节活动，增长见识。特别要宣传科学，破除迷信。

生3：如果我是企业家，我要开发春节大市场，多做宣传促销工作。

师：春节可以协调人际关系、放松身心、传承传统文化，还能开发无限的商机。但春节时祈求神灵的意识应该淡化，烦琐而耗费资财的祭神仪式以及铺张浪费的活动应该减少。

师：民间各种习俗也在不断地发展变化之中，请同学们课后就习俗变化问题继续探讨，并完成一篇论文或调查报告。

课后，部分同学自发对一些有关民俗风情的小课题进行研究，编写如《贵港年画里的历史》《壮乡山歌》《过年方式变化的背后》等调查报告或小论文，起到了参与研究、收集资料、感悟家乡传统文化的作用。

最后，学校历史组教师联合语文组教师，编写贵港市民俗风情方面的校本课程。

2.思考。

首先，民俗风情没有惊天动地的大事件，怎样才能激起学生开发学习的兴趣呢？其次，民俗风情多姿多彩，各人有各人的理解，怎样实现学习的实效性呢？最后，民俗风情五彩缤纷，良莠混杂，怎样才能真正有益于学生呢？

3.分析。

（1）激发学生开发探究民俗风情的兴趣，需要一个很好的切入点。

这一切入点就是大众广泛参与的节庆活动。像春节期间的舞狮子、烧鞭炮、民间舞蹈、民间社戏等活动，中小学生最乐于参与，而且其民俗文化含量高。

（2）新课程标准要求学生要与他人合作、交流，展示自己，共享成果。

本课教案由教师引导学生交流甚至争论导向共识，实质上是在学生自主探究开发的基础上推动了学生进行合作学习，使学生借助同学和老师的力量，在一节课的时间里学到了自己需要一个月才能学到的知识，极大扩充了课堂的容量。

（3）处理好学生自主开发与教师价值导向的关系问题。

地方生活化历史课程资源开发不是要求教师给学生灌输尽量多的知识，而是要培养学生自主合作开发新知识的能力。本课教学主要由学生调查及讨论春节的风俗与文化，体现学生自主探究的精神。但学生自主交流式地建构知识，在开发运用资源时容易离题，显得杂乱无章而茫然无适，因此，教师要把价值导向与自主建构统一起来，进行有教育目标与方向的引导活动，使建构活动有超越性的向度与足够的发展性。本课教师确立一个由浅入深的开发思路：访谈民俗现象——寻找其渊源故事——揭示其文化精神——引出相关的文化——尝试民俗文化的利用，从而保证了开发利用的流畅性。

（4）发挥民俗民艺乡土性特点的同时加强教育性的问题。

民俗民艺是学生喜闻乐见的活动，以富有情趣的形式展示出来，奇特有趣，富有感染力。学生在运用过程中必须在教师的指导下进行教育性的加工，这首先是一个方向性问题。只有科学的、符合社会主义方向的文化现象和思想才能符合教育学育人性和发展性的标准。其次是一个高度性问题。历史学科有强烈的人文性，开发历史课程资源不仅在于开阔知识面和提高历史能力，更重要的是在开发资源的过程中形成体验，陶冶人的情感情操，培养高尚的品德。

民俗风情历史课程资源越来越受到中小学教师的重视。南宁一中的梁小青老师，近年来每逢元旦和春节期间，都针对当年生肖给同学们布置特殊的作业：开展生肖文化研究活动。同学们在老师指导下分组领取任务，搜集整理当年生肖相关的神话传说、民俗节庆、成语诗文、名人名言、歇后语和顺口溜、对联、影片歌曲等文化资源。为了保证活动的教育意义，梁老师规定学生要选择扬善抑恶的内容。以作业为任务驱动，激发了学生学习的兴趣，发挥了学生的主观能动性，活动的效果出乎教师的预料：在2018年初进行的"狗年文化研究活动"中，一个小组别出心裁，增添了与狗有关的谜语题目，极大激起了学生的挑战欲，猜谜活动高潮迭起；另一个小组展示了他们搜集的与狗有关的歇后语：小狗坐飞船——一步登天，狗追旋风——捕风捉影，狗咬月亮——不知天高地厚；等等，为同学们带来无穷乐趣，更扩充了相关的文化知识。学生们搜集整理展出的文化资源，就是最鲜活的生活化历史课程资源。

民俗风情历史课程资源的开发利用，起到了弘扬祖国优良文化传统、促进精神文明建设的作用。

四、老城面貌谈改革——家乡面貌的历史课程资源开发利用

（一）设计思想

家乡面貌一般包括自然风光、生产、生活方面的变化等，是变化中的历史资源，容易引起学生共鸣，获得真切的历史知识。引导学生把视线从课本转移到自己的日常生活中来，通过调查访谈，收集反映家乡生活变化的实物与口碑材料，用翔实有效的事实来见证历史，从身边事物的变化中反映历史变迁。在教师的指导下，学生以访谈等形式去收集身边长辈工作生活的故事，了解他们工作中的窘境与转折，体会他们生活中的酸甜苦辣，从他们就业或创业的奋斗历程去感受历史的变迁。以下一则企业家创业的故事就把改革开放的历史讲"活"了：

《从铁匠到浙商首富——城市经济体制改革》

1979年，中国的改革开放真正开始，浙江宁围人民公社农机修配厂厂长鲁冠球看到了中国汽车市场的前景，把当时已经年产值达到70万元的"多元化"产品调整掉，集中力量生产专业化汽车配件万向节（汽车驱动系统的万向传动装置的"关节"部件）。

1980年，全国汽车零部件订货会在山东胶南县召开。鲁冠球贴出了降价广告，"钱潮牌"万向节仅仅一天就拿到了210万元的订单，打响了万向产品的第一炮！

1983年，萧山万向节厂实施了产权制度改革。一半资产划给鲁冠球，一半资产划给宁围乡政府，乡政府按照萧山万向节厂营销收入的20%

来收取管理费，不参加利润分红。

1988年，鲁冠球以1500万元向宁围乡政府买断了工厂股权，万向节厂正式变身为民营企业，从此开始了万向节厂的市场化征程，还尝试进军地产、农业、金融等领域。

1992年，浙江万向集团挂牌成立，企业进行股份化改组。1994年1月10日，万向钱潮股份公司在深交所上市，万向成为第一家上市的乡镇企业。

1994年，万向美国公司在芝加哥成立。2000年，万向宣布并购曾拥有世界上最多万向节专利的美国舍勒公司。截至2010年，万向在美国的28家公司销售额已经突破20亿美元，美国的每3辆汽车中，就有1辆车装有万向生产的零部件。

之后数年，通联资本、万向三农、万向控股、万向财务等"万向系"企业先后成立。此外，万向集团还通过收购公司，向其他领域进军。

2017年上半年，万向集团新能源汽车项目总投资逾26亿元，项目建设规模为达产后形成5万辆纯电动乘用车产能，万向集团已成一家跨国新能源汽车公司。

（摘编自环球网）

鲁冠球的创业史正是中国改革开放具体而微的小历史，以小历史生动解释了大历史。

通过生活中真实的故事，引导学生树立起认识家乡、亲近家乡、建设家乡的观念。通过家乡问题的发现与对策的探究，激励学生成长为建乡之材。通过远近结合的思维路径，使探究由家乡到祖国到世界再回到家乡，实现爱乡与爱国的有效结合。

（二）开发家乡面貌历史课程资源的操作流程

1.操作流程。

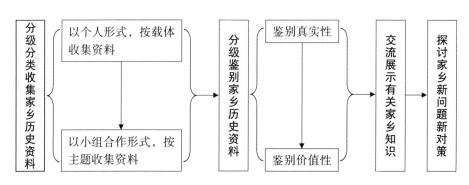

家乡面貌变化历史课程资源开发利用主要培养学生收集家乡历史资料的能力。家乡面貌变化涉及学生身边生活的方方面面，内容复杂多样，包括不同时段的历史、不同载体的材料、不同主题的内容。因此，宜采用分级分类的收集策略。

（1）以个人形式，按载体收集资料。

访谈身边的人物如长辈等，收集他们切身的体验性资源，如家庭建筑、票证、器具、照片等实物，以及长辈回忆的歌谣、流行语等口碑材料。当然，还有反映本地历史地理与家乡面貌的图片与音像资料、地方档案与地方报刊等。此方法可以发挥个人的积极性，简便易行，可以保证资料来源的广泛性与生活性。

（2）以小组合作形式，按主题收集资料。

在个体收集资料的基础上，按收集资料的内容可分为以下主题：自然地理特点（画家乡的平面图、地形图，在全国或省级地图中找到自己的家乡，找出家乡相邻的地区或国家，说明家乡地形类型与特点、家乡气候特点等）；当地政治经济特点（主要物产及分布、某种产品从生产到消费的全过程、政治生活大事等）；家乡的人文特点（历史沿革、名胜古迹、教育科技、著名人物等）。按收集资料的过程可分为以下主题：家乡的历史变迁、家乡的辉煌、家乡的憧憬等。发挥小组合作优势，再收集并整理各个主题的资料，可以保证资料的典型性与系统性。

（三）教案及分析："走进贵港　亲近贵港"（片段）

1.做法。

（首先，学生根据教师所提出的有关真实性、典型性等要求，从日常生活中收集有关反映贵港农民生活变迁的历史资料；其次，把活动分为"古郡往日的自豪""近代的忧伤与抗争""今日新商埠　新贵港""新世纪　新畅想"四个板块，把学生分成古郡研究小组、近代研究小组、今日贵港研究小组、未来贵港研究小组四个小组对资料进行再度收集与整理；最后，进行课堂展示与讨论。）

师：作为贵港人，大家认为贵港最大的优势或最值得自豪的地方是什么？

（古郡研究小组从贵港的地理交通、人物先贤到广西最早设郡的行政建制，如数家珍；近代研究小组大谈太平天国革命与桂东南起义等革命事迹，大家对家乡都充满自豪感。）

师：我们不能老躺在自然与历史的成就上睡觉呀，观察我们的身边有没有骄人的成绩呢？比如，人们生活上特别是衣着上的变化？

（今日贵港研究小组情绪高涨）

今日贵港研究小组：服装的布料越来越多，款式变化很快。20世纪80年代有一首顺口溜——"喇叭竹筒萝卜裤，奇装异服摆马路"。今天流行的应该是牛气冲天的牛仔裤。

其他组学生补充：实际上牛仔裤也不能一统天下，很多说不上名称的款式也争先恐后挤进市场。用一句话说就是要穿得有个性，人们的服装绚丽多彩，穿出美丽、穿出性格。

师：相比之下，改革开放前人们的衣着如何？

今日贵港研究小组：以前衣服的款式单调，布料少。

师：你们凭什么得出此结论呢？

今日贵港研究小组：请大家看看这张20世纪70年代的高中毕业照，他们的衣服都是一个款式，色彩也都是灰蒙蒙的。

我们采访了许多老奶奶得知，当时衣服是传家宝，"老大穿了给老

笔者指导的今日贵港研究小组展示服饰变化研究成果

关注身边生活　演绎精彩历史

二，老二穿过给老三""新三年，旧三年，缝缝补补又三年，拆拆改改再三年"。这不就说明了当时衣服布料少吗？

当时布料不足，买衣服还得有布票。这是我们从一位农民伯伯家里得到的布票，布票就是当时布料缺乏的历史见证。

有关用的东西，变化实在大多了，产品更新得更快。一位老爷爷说了一句俗语："1978年以前，手表、单车、缝纫机；1978年至1987年，单车、缝纫机、黑白机；1987年至1997年，冰箱、彩电、VCD。1997年至2007年，汽车、别墅、空调机；现在，正在准备买奔驰。"

其他组学生补充：我看过赵本山表演的相声，内容是小伙子说他家有家电，姑娘嫁给了他，后来问家电在哪，他就拿出一个能照明的东西，是手电筒。（同学们齐声说）这说明改革开放前农村是没有真正的电器的。

（教师接着把自己20世纪80年代初到别人家看电视的经历与感受讲给学生听，作为一种体验性的历史知识教育学生）

（今日贵港研究小组向全班展示了他们的调查报告《从当地衣食住行用谚语变化看贵港生活的改善》）

（未来贵港研究小组对贵港新问题与对策提出看法，引起同学们的讨论。）

（教师肯定了各小组的探究精神后，趁热打铁，鼓励学生在课后就今天贵港的机遇与挑战问题进行进一步的调查探究。后来学生上交一些调查报告与小论文，提出了许多针对贵港建设有价值的建议。）

2.思考。

本教案在用贵港农民生活变迁作为教案时，遭到部分教师质疑：农村的破衣烂帽、粗俗的口头禅也能成为历史文化？

3.分析。

有关破衣烂帽是否能成为历史文化的问题，要看你持的是精英史观还是平民史观。第二次世界大战后史学界掀起了史学大众化的潮流，讲普通人、普通事，以普通人心态看世界，把平凡的生活尽收眼底。历史就是生活，生活也就是历史，"历史就在我们身边（History around us）"成了最响亮的口号。《历史新课程标准》也指出"充分利用学生身边唾手可得的资料，不仅能引起学生的广泛兴趣，而且可使学生直接感知历史资料，对感悟历史大有裨益"[1]。本课"走进贵港 亲近贵港"教学活动正是历史课程生活化、平民化的体现。在教师指导下，学生从生活中收集了谚语、谈话、图片、实体等历史课程资源，又按衣食住行用等方面进行整理，用真实、具体的生活化历史资源说明了贵港人民生活的变化。这次教学活动，体现了《历史新课程标准》有关从学生身边生活出发理解历史的新理念，用身边生活化的资料打开了一扇扇认识世界的窗口。有了窗口，学生就能以小见大，以具体生动的身边现象来透视整个历史变迁。更重要的是增强了学生的课程资源意识，培养了学生分级分类收集家乡历史资料的能力。

关注身边生活 演绎精彩历史

---

[1] 教育部基础教育司：《历史课程标准解读》，北京师范大学出版社，2002，第23页。

第四章　运用生活化课程资源
　　　　优化历史教学的策略

课程内容生活化、课程形态动态化、课程活动体验化、课程使用创造化是新课程编制与实施的新理念。课程内容与学习者的生活经验、生活环境相关联；课程形态不是专家们预设的固定知识载体，而是从专家课程、制度课程向师悟课程、生悟课程转化的过程。实质上就是师生在课堂生活中共同开发身边生活化课程资源，对课程进行再创造的过程。师生对课文进行再度加工，运用生活化课程资源优化历史教学，正是课程与教学改革的必然要求。

　　我们今天生活的方方面面，寻其根源都来自历史，而历史上的重大制度与战争，乃至小小的历史现象都会影响到现代生活。所以生活中衣食住行各方面的种种现象甚至普通百姓的心态变化都可能成为某一堂历史课的素材。把生活化资源引入历史教学课堂的做法，不仅能导入新课程，激发学生兴趣，拓展知识，更能设置新情景，引发学生的新思考，培养学科思维能力。尤其重要的是，生活化历史课程资源拉近了历史与学生学习及生活的距离，使历史学习与学生生活产生联系，从而在情感共鸣中潜移默化地实现历史教育服务人生的宗旨。

　　运用生活化课程资源优化历史教学有如下策略：

第一节　整合优化教材

　　用生活化课程资源整合优化教材，实际上是对教材的二度开发与利用。深入钻研教材内容，从社会生活中找到与现行教材的主体知识有一定的联结、能引发思考的生活化历史课程资源。在恰当的时机把生活化历史课程资源融入历史教学之中，把教材的言外之意、难言之意挖掘出来，更彻底地发挥历史课程应有的作用。

一、以新的历史观带出新的资源

　　历史观是人们对社会历史的根本观点、总的看法，它决定了人们对历史理解与解释的规范与方向。不同的史观对同一历史事实的解释会不一样甚至截然相反。以多元史观特别是新史观考察历史，会产生新的知识框架、新的认识，这就是新的资源。

笔者多次尝试用新史观带出新资源、以新资源形成新认识的探索，选取两例与读者诸君分享。

(一) 教案一："法国大革命"

法国大革命，法国共和制的确立问题。按照教材编写结构来解读这段历史，"法国大革命"一课的主题为"法国大革命——资产阶级最彻底的民主革命"。其主要内容包括：法国大革命的原因、资本主义发展与封建专制的矛盾、法国大革命的过程、法国大革命曲折斗争与法兰西第三共和国成立、法国大革命的结果、法国共和政体的确立。

这种教学设计思维角度过于单一，仅从阶级斗争的历史范式来解释历史，难以全面反映丰富而复杂的历史内容。

教师在阅读一些持不同史观的相关历史名著，如托克维尔《旧制度与大革命》后，就会发现法国大革命历史与革命史观的矛盾之处。

矛盾之一：革命史观说哪里有压迫，哪里就有反抗；哪里压迫越深，哪里反抗就会越激烈。但是革命不在残暴的路易十五在位时期爆发，却在并不残暴甚至比较开明、能听从公众舆论的路易十六在位时期爆发，且最后他也被送上了断头台。

矛盾之二：按照"革命是被压迫者推翻压迫者"的观点，法国大革命应该是平民推翻贵族统治。而事实却是：法国贵族们一边享受种种特权，一边肆意抨击旧制度的荒谬。革命主要不是革命者的要求，不是人民的要求，而是被革命者的推动或者说是特权阶级的自我崩溃。

矛盾之三：革命史观认为民主是历史的良药，但法国的民主却变成了左右站队的游戏，只看颜色，不论是非，迅速演变成忙碌的砍头游戏。革命的对象、革命内部的不同派别、革命领袖罗伯斯庇尔和他的战友，相继把头颅送进了"断头台"，形成了雅各宾派专政恐怖统治。

在阅读不同史观的历史著作后，教师在教学设计时不得不重新思考：法国最初是一有不公平问题就革命，一有动乱就寄希望于伟人，结果走进了一革命就动乱、一稳定就独裁的恶性循环之中。到底要不自由的平等还是不平等的自由，不自由的民主还是不民主的自由？哪个更重要？它们有无平衡点呢？其平衡点是法治，从专制到民主，从人治到法治，从臣民到公民。民主还要宽容，所以必须讲：自由、平等、博爱。

最后笔者以文明史观把本课主题设定为：法国大革命——激情过后的沉思。

课程资源：采用以下新材料场景引发学生的反思。

材料一：民主泛滥成暴政。建革命广场，吃平等面包，叫革命口号。丹东死后，雅各宾派另一位领导人罗伯斯庇尔在大街上被人们围住。这些公民们嚷嚷着说，革命中"流的几滴血还没有把人民的脸蛋染红"，嫌"断头台的工作太慢了"。罗伯斯庇尔看着人们因激情泛红的脸说："你们要遵守法律！""法律是什么？"人们问。罗伯斯庇尔回答："法律就是公民的意志。"可是公民们继续嚷嚷："我们就是公民，我们不要什么法律，我们的这种意志就是法律。"①（广场式民主，动不动就革命，动不动就造反，其实是另一种专制——多数暴政，它带来的不是公正，而是动乱与流血）

材料二：最勤快的断头台。罗伯斯庇尔怀疑你是共和国的敌人，你就上断头台。当初他当律师的时候，打官司打输了，你赢了，行，共和国的敌人，上断头台。谁打赢过我的，都得上断头台。他追一个女孩没追上，然后他就把这女孩的老公一家全送上断头台，让这女孩在底下看……最后罗伯斯庇尔也被人送上了断头台。所以当时法国的断头台，是法国最繁忙的机器。最高的纪录：38分钟内，断头台砍下了21个头颅。法国人非常幽默，在罗伯斯庇尔碑上刻了这样一行文字：我罗伯斯庇尔长眠于此，过往的行人请不要为我哀伤，如果我活着，你们谁也别想活②。

这些不同角度记述的历史叙事，有利于学生反思。

（二）教案二："第二次工业革命的影响"

按旧的史观与教育理念，本课教学设计如下：

教学内容：讲述第二次工业革命对资本主义经济发展的影响；第二次工业革命加剧贫富分化与阶级对立；第二次工业革命激化了帝国主义

---

① 陈为人：《革命还是宽仁？——重温雨果〈九三年〉》，《社会科学论坛》2010年第1期。
② 陈为人：《革命还是宽仁？——重温雨果〈九三年〉》，《社会科学论坛》2010年第1期。

之间的矛盾最终必然引发世界大战。

教学主题：揭露资本主义发展不平衡性的规律。

课程资源：引用主要帝国主义国家经济发展规模速度不同、主要帝国主义国家殖民地占有量与经济发展不适应的材料。

这些课程资源运用和教学内容安排就是为了讲清资本主义发展不平衡性和帝国主义侵略本质。有利于学生正确掌握相关历史知识，但远离学生生活实际，对学生生活的启迪作用有限。

从多元史观和新教育理念来看，本课历史学习与探究的最终目标不是为了扩充学生的历史知识，也不是为了提高学生对历史问题的分析能力，而是为学生提供历史的启示与精神动力。历史课堂的中心，不在教材内容而在于教材与现实生活的关系。只有把探究的重心投放到历史与现实的关联上来，引入生活化的问题进行探究与体验，才能对学生生活起到真正的作用。所以，笔者对本课教学进行重新设计。

教学内容：老牌殖民帝国英法工业发展与殖民政策；新兴帝国美德工业发展与外交政策；落后帝国俄日迅速发展与外交政策。

教学主题：创新对国家发展的决定意义。

课程资源：引用各国在第二次工业革命中所表现出来的观念习惯、政策措施等材料。对这些从新视角挖掘出来的新材料进行研读，不仅让学生明白资本主义发展不平衡、帝国主义意味着战争这一道理，更让学生认识到各国盛衰之根本原因就在于面对新科技革命的不同态度与精神。这对我们今天改革开放创新发展起到借鉴与启示作用。

新史观运用为我们认识历史提供新的视角，找到新的材料，形成新的认识。但是，新史观的运用必须以唯物史观为指导，否则就会陷入为创新而创新的历史迷乱而失去方向。

二、以文活史，巧用新资源

学生核心素养包括正确的价值观、科学的思维方式和优良的品格。其中正确的价值观引领是学科教学的重中之重。正确的价值观包含人类基本价值如公平正义、人文关怀、保护生态、珍爱生命等，包含现代社会价值观如独立自主、个人权利等，还包括中华民族优秀传统价值观如爱国、孝道、礼让、诚信等。开发文学艺术类的生活化历史课程资源，或者把历史结论或专业术语用文学艺术或生活化谈话方式描述出来，有利于培养学生的中华民族优秀传统价值观。

历史叙事在历史教育中不可或缺。利用形象生动的文学艺术类生活化历史课程资源，描绘历史细节，不仅能够增强历史教学的趣味性，呈现历史情境，从细节入手来透视重大历史事件，展现历史发展的基本脉络，还可以更好实现历史叙事的效果。

要以文活史，巧用新资源。中学语文教材有几十篇课文是以历史事件或历史现象为内容的，它们与同一时段的历史知识是紧密相连的。这些文学作品文采飞扬，形象生动，经语文老师讲解为学生所熟知，对于过于概括与抽象的历史教科书而言，就是便捷的辅助资料。在历史课堂教学中，文史互相联系，适时适当地把语文课本里的成语、诗词，甚至文学人物与故事渗透到历史课堂中来，是十分有意义的。

文学作品强调意境，可形成文学艺术中的历史，生动再现历史场面和历史人物的心境。它能使抽象的历史概念变得丰富生动，更易理解。如孟郊的"春风得意马蹄疾，一日看尽长安花"道尽了科举制对知识分子的意义。我们还可以从唐诗中见唐史，如高适的"莫愁前路无知己，天下谁人不识君"英武而豪放地反映了盛唐的开疆强盛；李白的"飞流直下三千尺，疑是银河落九天"豪迈而浪漫地反映了盛唐的强盛和自信；杜甫的"朱门酒肉臭，路有冻死骨"凝重而忧伤地反映了唐朝由盛转衰的情景。白居易、李商隐和杜牧的诗，砭时讽喻，反映晚唐走向衰亡的无奈。

以下笔者以两个完整的历史教案来体会以文活史，巧用新资源的作用。

（一）教案一："新文化运动"

1.教学设计。

本课是高中《历史·必修3》（人教版）第15课"新文化运动"一课的主体部分，是中国现代化探索第三层次（伦理层次）的标志性事件，属于"近代中国的思想解放潮流"的内容主题。新文化运动中民主与科学旗帜的树立，刷新了国民的观念，重铸了国民精神，形成了一次空前的思想解放运动，推动了马克思主义在中国广泛传播。"铸造新国民"是这一课教学的主题。

学生现有的知识储备和生活经验是学习本节内容的重要条件。学生对古诗文与现代文有一定的知识储备；对北京大学有一些直观的印象；初高中语文教材中有一些有关新旧道德的文学著作如《孔乙己》《狂人日记》，学生可能阅读过一些相关文学著作如《红楼梦》《家》《春》《秋》等。这些储备都有利于化抽象为形象，让学生深刻体会新文化运动之精神。

本设计以情境创设问题探究为活动模式，开发文学艺术类的生活化历史课程资源来帮助学生用生活经验感悟复杂抽象的思想。采用以诊断—对策为特征的问题教学法，通过生活化图文史料的开发，创设情景，巧妙设问、引导点拨，形成一套问题生成、探究、解决的学习策略，锻炼学生论从史出的学科能力，培养学生关注现实、探求真理的爱国情怀。

本课围绕"铸造新国民"这一主题，精选经典文艺作品片段，拓展课程资源，引导学生学习和探究新文化运动兴起的背景、内容和影响，提炼新文化运动的精神。

2.教学过程。

（1）教学活动一：从鲁迅小说《药》看新文化运动兴起的必然性。

材料一："包好，包好！这样的趁热吃下。这样的人血馒头，什么痨病都包好！"那人一只大手，向他（老栓）摊着；一只手却撮着一个鲜红的馒头，那红的还是一点一点的往下滴。

——鲁迅《药》（节选）

教师引导学生分析小说《药》里的人血馒头。主人公华老栓儿子小栓得了痨病，买了一个蘸人血的馒头做偏方吃，结果死掉了。而那血正是资产阶级民主革命者夏瑜的血。这说明辛亥革命之后民主共和未能深入普通国民之中。有病不看医却要人血冲喜，说明普通国民之愚昧迷信。

引导学生联系所学知识，"诊断"当时中国国民的思想局限：皇权思想、奴性盲从、压迫妇女、恋旧保守、愚昧迷信等。朝廷已变成国家，臣民还是那个臣民。新国家遭遇旧国民，巨大的希望与残酷的现实，怎么办？暮气沉沉的中国急需一场思想的启蒙与洗礼。

材料二：凡是愚弱的国民，即使体格如何健全，如何茁壮，也只能做毫无意义的材料和看客，病死多少是不必以为不幸的。所以我们的第一要著，是改变他们的精神，而善于改变精神的是，我那时以为当然要推文艺，于是想提倡文艺运动了。

——鲁迅《呐喊（自序）》（节选）

引导学生从鲁迅的作品《呐喊（自序）》阅读中，联系当时中国的经济与政治状况，得出结论：新的国家需要新的国民，新的国民需要新的思想，必须刷新文化，改造国民精神。先进的知识分子选择了学校、杂志与文学，高举民主与科学两面大旗，开展了重铸中华之灵魂、震撼人心的新文化运动。这就是新文化运动兴起的必然性。

（2）教学活动二：从巴金小说《家》理解新文化运动的内容。

材料一："高老太爷死后，瑞珏的产期到了。家长们认为：长辈的灵柩停在家里，家里有人生产，那么产妇的血光就会冲犯到死者身上，死者的身上会冒出很多的血。唯一的免灾方法就是把产妇迁出公馆去。迁出公馆还不行，产妇的血光还可以回到公馆来，所以应该迁到城外。出了城还不行，城门也关不住产妇的血光，必须使产妇过桥，让河水挡住血光。他们要觉新（瑞珏的丈夫）马上照办，他们说祖父的利益超过一切。——觉新回到房里，把这件事情告诉了瑞珏，瑞珏也不说一句抱怨的话。她只是哭。后来瑞珏难产，她叫着觉新，要他进来，可是封建思想和两扇大门却把他关在了外面，瑞珏终于死了。"

——巴金《家》（节选）

问题一：门内瑞珏声声凄厉唤着丈夫，门外觉新愤愤无助捶门，近在咫尺却远隔阴阳。是什么直接导致了美丽的瑞珏凄惨地死去？

引导学生回答导致瑞珏死亡的直接原因是难产，主要原因是缺乏科学技术。

问题二：瑞钰作为产妇需要照料，还让她离开温暖的家，离开科技发达的城市，到环境恶劣的乡下，其根本原因是什么？你认为应采取什么对策才能避免类似事件的发生？

引导学生理解瑞钰之死的根本原因是愚昧、封建迷信思想造成的。我们应该怎样破除这些迷信思想，解救瑞钰？单单有科学知识或技术还不行，这涉及思想领域，即科学思想。科学技术和知识只能救治人们的疾病；只有科学的精神和思想，才可以消除迷信和愚昧。学生自然会得出提倡科学思想，反对愚昧、迷信思想的结论。

问题三：事实上就连"底下的人"都为觉新打抱不平，"大少爷为什么不争一下？都懂得让产妇离开温暖的家，肯定凶多吉少的，总是人要紧啊"。觉新愤愤不平，为何又不敢抗争？

引导学生思考觉新为什么不敢抗争？是因为那时家庭的专制与他的服从观念。因此对于觉新和瑞钰而言，从根本上更需要的是什么？有民主的思想，有民主的反抗精神，就不会听命于家庭对他们命运的安排和摆布。学生自然得出结论：提倡民主，反对专制；提倡新道德，反对旧道德。

（3）教学活动三：对比阅读新旧文学作品看新文化运动形式。

材料一：登览之顷，万象森列，千载之秘，一旦轩露，岂非天造地设，以俟大一统之君，而开千万世之伟观者欤？

——〔明〕宋濂《阅江楼记》（节选）

材料二：天上飘着些微云，地上吹着些微风。啊！微风吹动了我头发，教我如何不想她？月光恋爱着海洋，海洋恋爱着月光。啊！这般蜜似的银夜，教我如何不想她？

——刘半农《叫我如何不想她》（节选）

问题一：材料一、材料二分别是什么文体？哪个读起来更通俗易懂？

材料一的文体是文言文，材料二的文体是白话文。白话文更通俗易懂。

问题二：材料一、材料二描绘的对象及内容有何不同？

材料一歌颂的是封建帝王，这是一种陈旧陈腐的旧思想，是陈腐雕琢的贵族文学。材料二抒发的是平民真情实感，而且是追求爱情与自由的新思想，是平易的平民文学。旧文学：陈腐的古典文学；新文学：新鲜的写实文学。

问题三：材料一与材料二哪一个比较难读懂？

材料一让人感觉比较隐晦、艰涩，是一种脱离社会的山林文学；材料二易读易解，是一种明了的通俗的社会文学。

引导学生理解新文化运动是一场文学革命。它以白话文代替文言文；以新鲜、平易、通俗的新文学代替陈腐、雕琢、艰涩的旧文学；以新文学表达民主、科学思想，宣传新道德，宣传马克思主义。

（4）教学活动四：看对联思考新旧文化关系。

材料：美国哈佛大学哈佛燕京图书馆有一副对联："文明新旧能相益 心理东西本自同"。

启示：新旧文化关系是相益相长的，首先表现在心理学方面，应继承、创造、发展；东西方文明也是相融相通的，应尊重、交融、互补、共进。

总结：古为今用、洋为中用；取其精华，去其糟粕；批判继承、改造创新；相融相通、互补共进。

（5）教学活动五：朗读作品体会新文化铸就的新精神。

为世界进文明，为人类造幸福，以青年之我，创造青春之家庭，青春之国家，青春之民族，青春之人类，青春之地球，青春之宇宙，资以乐其无涯之生。

——李大钊《李大钊选集》（节选）

新文化运动，其精神简而言之就是民主科学、热血青春。它是青春与激情的结合。用齐声朗读的方式更好地感受新文化之光芒与精神，把新文化之思化为新文化之行，做青春之人，建青春之国家。

首先，本教案通过对鲁迅文学作品的引用，反映了辛亥革命后国民奴性盲从、愚昧迷信的思想病根，说明新文化运动的必要性。其次，引用巴金作品《家》的片段描绘，生动深刻地揭露愚昧专制对人性及生命的摧残，促进学生对专制与愚昧的批判意识，形成对民主与科学的认同感，产生宣传新思想的责任感与使命感。再次，通过新旧文学作品的对比阅读，引导学生认识以新鲜、平易、通俗的新文学取代陈腐、雕琢、艰涩的旧文学的重要意义。从次，引用美国哈佛大学哈佛燕京图书馆一副对联引发学生对新旧文化关系进行反思，形成继承创新、多元共进的现代文明观。最后，通过齐声朗读作品感受并提升新文化之精神，把新文化之思化为新文化之行。本教案以文学的精彩，演绎了史学的情怀，使本课的中心立意即民主、科学、新道德、新文学与学生心理产生了共情，从而深入学生心中，融入学生日常学习与生活之中。

（二）教案二："红军战略转移"

1.教学设计。

本课为高中《历史·必修1》（人教版）第15课"国共十年对峙"的

主体部分，教学顺序排在第3课时。由于"左"倾教条主义错误影响，红军第五次反"围剿"失利，不得不进行战略转移（又称为"红军长征"）。在湘江战役损失惨重后，遵义会议的召开，确立了以毛泽东同志为主要代表的马克思主义正确路线在中共中央的领导地位，结束了"左"倾教条主义错误在中央的统治，成为中国共产党、工农红军和中国革命的转折点。通过一系列的战斗，红军长征胜利，革命转危为安，体现了中国共产党的英明伟大和中国工农红军的大智大勇。笔者认为，感悟把全国人民和中华民族的根本利益看得高于一切，坚定革命的理想和信念，坚信正义事业必然胜利的精神就是为了救国救民，不怕任何艰难险阻，不惜付出一切牺牲的精神；就是坚持独立自主、实事求是，一切从实际出发的精神；就是顾全大局、严守纪律、紧密团结的精神；就是紧紧依靠人民群众，同人民群众生死相依、患难与共、艰苦奋斗的长征精神，这也是本课教学的主题。教育学生学习革命先辈不怕牺牲、勇往直前的优秀品质，感悟中国共产党和工农红军的英勇与伟大，激发学生进行"新的长征"的历史责任感。

红军战略转移的战争史至今已80多年，长期生活在和平年代的青少年难以想象当年革命战争的艰难与英勇。如何创设生动的教学情景是本课教学成功的关键。关于"红军战略转移"的历史，毛泽东等亲历者留下了大量的诗歌，现实生活中也有一批优秀的关于红军长征的文艺作品。这些文艺作品通俗易懂，是学生理解感悟长征精神的优质课程资源。

本课围绕"长征精神"这一主题，设计以下几个板块的教学内容：长征的开始与目的、长征路线历程、长征的转折点、长征的英勇与惨烈、长征的伟大意义、长征的精神。

（1）教学活动一：听民歌，长征就是心连着心。

《十送红军》（江西民歌）

一送（里格）红军，（介支个）下了山，

…………

七送（里格）红军，（介支个）五斗江，

江上（里格）船儿，（介支个）穿梭忙。

千军万马（介支个）江畔站。

四方百姓泪汪汪，深情似海不能忘，

红军啊，革命成功，（介支个）早归乡。

深情似海不能忘，红军啊，

革命成功，（介支个）早归乡。

…………

师：从《十送红军》这首江西民歌中大家能得到红军长征的什么信息呢？（心情、原因、目的、地点）

秋雨绵绵秋风冷，树树梧桐叶落光。声声哀号，愁绪万千。说明红军反"围剿"失败被迫转移，是长征的原因。

四方百姓泪汪汪，深情似海不能忘。红军与百姓，依依惜别。说明鱼水情深，心连着心。

望月亭上搭高台，朝也盼来晚也想，革命成功早归乡。十送十盼，就是为了革命的成功。说明长征的目的是保存力量，挽救革命。

正是带着百姓的爱戴与嘱托，带着这份情这份义，1934年10月，中国工农红军脚踏着中国大地，用理想、鲜血、智慧和汗水，行程二万五千里，完成了战略大转移。

（2）教学活动二：吟诗学史，长征就是伟大史诗。

《七律·长征》

毛泽东

红军不怕远征难，万水千山只等闲。

五岭逶迤腾细浪，乌蒙磅礴走泥丸。

金沙水拍云崖暖，大渡桥横铁索寒。

更喜岷山千里雪，三军过后尽开颜。

①红军长征路线。

师：请同学们从诗歌中找出红军长征经历了当时的哪些省份？绘制出红军长征路线简图。

生：福建、江西、湖南、广东、广西、贵州、云南、四川、西康（今西藏自治区）、甘肃、陕西十一省，湘江、乌江、赤水河、金沙江、大渡河五河。

②红军长征路线简图。

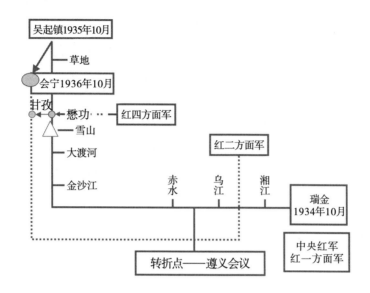

（3）教学活动三：神入历史，长征就是生死转折。

问题一：请你以周恩来或毛泽东的身份写一份遵义会议发言稿，提出你的决策建议，并说明理由，以史实说话。

主张建议：纠正，肯定；选举，取消。

理由之一：博古、李德犯了"左"倾错误。思想上，城市中心；军事上，冒险主义、保守主义与逃跑主义；组织上，宗派主义；党派上，关门主义；实践上，指挥红军第五次反"围剿"失败，长征初期特别是湘江之战损失惨重。

理由之二：毛泽东提出了"工农武装割据"思想，奠定了农村包围城市、武装夺取政权的革命道路，建立了中国第一个农村革命根据地，指挥红军粉碎了敌人的三次反革命"围剿"，建议红军转向贵州又取得强渡乌江的胜利。

问题二：为什么说遵义会议是长征及中国革命的大转折？请你根据课文相关内容及形势加以分析说明。

遵义会议的地位：一是结束了"左"倾教条主义错误在中央的统治，确立了毛泽东同志为主要代表的马克思主义正确路线在红军和中共中央的领导地位（肯定主张、军事指挥权）。二是中国共产党从幼稚走向成熟的标志（屏幕显示：为什么？中国共产党成立以来一直处在共产国际的指导下，而这次会议则是在双方关系中断的情况下，独立自主地解决自己的理论、路线、方针和政策问题；采取民主集中制原则，独立解决了党中央领导机关的改组问题，妥善处理了党内存在的分歧和矛盾）。三是在极其危急的情况下，挽救了党，挽救了红军，挽救了革命，是党的历史上一个生死攸关的转折点。

（4）教学活动四：图说历史，长征就是红色传奇。

向学生呈现红军长征路线图及战斗图片。接着用诗歌的形式描绘红军战斗的场景，重点描绘几个红军的传奇与红色事件。

①赤水金沙。

战士双脚走天下，四渡赤水出奇兵。

调虎离山袭金沙，毛主席用兵真如神。

——歌曲《四渡赤水出奇兵》（节选）

毛泽东以掌上千秋史、胸中百万兵的恢宏气度指挥战争，即使在力量对比极度悬殊的情况下仍能挥洒自如。

②大渡河。

大渡河不仅水湍急、山峭耸，而且有敌人的重兵把守，狡猾的敌人还拆掉河上泸定桥的木板，只留下 13 根铁索，多少英豪杰也是望河兴叹。1863 年 5 月，石达开到达安顺场，准备渡河入川，结果河水暴涨，进退不得，被四面包围，全军覆灭。1935 年 5 月，毛泽东率领红军到达安顺场，准备渡河北上，同样时节，同样是河水暴涨，同样是敌人蜂拥而至，前有天堑之阻，后有强敌包围。蒋介石欣喜若狂，叫嚣要把朱德和毛泽东变成第二个石达开，要消灭红军，甚至准备好了庆功宴。历史的噩梦笼罩在人们心头，红军能否打破历史宿命？毛泽东大手一挥，坚定地说："石达开没有走通的路，我们一定能走通。我们共产党人是顶天立地的英雄，大渡河算不得什么困难！"[1]正所谓兵贵神速，以快制慢，红军乘敌"追剿"大军未至，以急行军制敌机先，抢占要塞。一支部队来到了安顺场，前方指挥一声令下，17 位勇士登上渡船，劈波斩浪，飞箭似的直扑敌人，一鼓作气，拿下了滩头阵地。后续部队以几叶小舟踏

关注身边生活　演绎精彩历史

① 吴吉清：《在毛主席身边的日子里》，江西人民出版社，1977，第236—238页。

破滔滔巨浪，顺利北渡。另一支部队昼夜兼程240公里，来到了泸定桥，发起强攻，铁索桥上显威风，穷追猛打夺泸定。……就这样，红军以大无畏的勇气，飞越大渡河，绝地逢生。如果说巧渡金沙江是红军战略战术最富有智慧、最成功的一次战斗，那么强渡大渡河则是红军表现最勇敢、最顽强的一次战斗。英勇的红军硬是冒着敌人的枪林弹雨闯过了大渡河，粉碎了蒋介石企图使红军成为第二个石达开的阴谋。正所谓强渡大渡夺泸定，不做当年石翼王。

③爬雪山过草地。

1935年6月8日，红军来到了长征路上第一座大雪山——大金山。一开始见到雪山，的确非常壮观——白雪皑皑，一片银色，雪连天，天连雪，全是雪的世界。可真正爬起来，却一点也不觉得美了。大金山主峰海拔4950多米的夹金山，被当地藏族同胞视为"连鸟儿也难以飞过"的神山。红军大多来自南方炎热地区，好多人以前从未见过大雪山，更不用说爬了。雪山刺得人们睁不开眼睛，人们在冰上滑行，好多战友摔倒了就再也起不来了，像炮弹一样飞出去，在冰崖下没了踪影。一些牺牲的战友被冻成了"石头"，永远守在雪山。到了晚上，战友们挤在雪洞里，用体温相互取暖，极度疲劳的他们睡着了，可是，一些人一闭上眼睛，就再也睁不开了，一推才知道，已经被冻死了。难怪有人说"苦不苦，看看长征二万五"。……面对高耸入云、白雪皑皑的高山，红军以钢铁般的意志，硬是用大无畏的革命精神，一步一个脚印，把大雪当作飞花，把高山踏于脚下，翻过了冰雪覆盖的夹金山，还留下了"更喜岷山千里雪"的壮志豪情。

爬过大雪山，红军来到了杳无人烟的大草地。举目四望，茫茫无边，阴森的浓雾，不辨东南西北，草丛里河沟交错，臭水泛滥，连飞禽走兽都不敢通过。怎么办？想回头？敌人重兵已尾追过来。毛泽东决定：前进！深入不毛之地，走敌人认为红军不敢走的道路，置之死地而后生。心连着心，手挽着手，官兵一致同甘苦。

（5）教学活动五：再吟诗歌，长征就是万丈豪情，长征就是壮烈史诗。

同学们齐声朗诵毛泽东诗歌《七律·长征》

同学们声情并茂、抑扬顿挫的朗诵把红军长征的艰难历程描述出来，把红军的豪迈之情烘托出来。教师再一次采用情景参与的方式引起学生思想、情理共鸣，提炼出长征精神。

红军长征的意义。军事上：粉碎"围剿"，转危为安；组织上：战胜分裂，保存力量；思想上：宣传主张，播下火种；政治上：中心大转移，从南到北，从革命到抗日。

红军长征精神。依靠群众，患难与共；独立自主，实事求是；灵活机智，善于创新；勇于牺牲，敢于胜利；无所畏惧，挑战极限；同甘共苦，团结奋进；坚忍不拔，自强不息。

本教案通过一系列有关长征的诗歌、民谣，把红军长征相关大事串联起来，以声情并茂的朗读与情境描绘，热情洋溢地赞扬了红军勇于牺牲，敢于胜利的精神。以文学美、生活化的历史课程资源活化了概念化、学术化的历史教材，从而较好地实现了本课的主题——长征精神。

文学作品注重细节描绘，以微见著，具有再造历史具象、活化历史情景的作用。高质量的文学作品有着天然的美感，其跌宕起伏的情节、惟妙惟肖的场景、精美的文采与神韵，容易让学生深入特定的历史情境，有利于激发学生的想象力，加深对历史知识的理解。文学化的历史课程资源的运用，把深奥的历史规律与哲理用精彩的文学诗词表达出来，生动诠释历史哲理，在情理交融之中用文学的精彩演绎了历史的深刻，使学生自然而然地产生强烈的情感、鲜明的态度，形成正确的价值观，提升了学生家国情怀的历史学科素养。

三、以试题说史，借用新资源

（一）试题资源的独特价值

作为评价环节的试题命制、检测与讲评过程也是重要的课程资源。它是独特的课程资源，是教学实施过程中最后一个环节，即教学评价资源。生活化的历史资料为高考命题提供了丰富的材料来源和新的视角，深受高考命题者的青睐。利用试题中生活化的历史资源，不仅有利于引导学生分析宏大的历史趋势和历史真相或历史规律，还有利于突破教材的重点与难点，寻找学生学习中存在的问题，以便因材施教。

笔者再通过以下两个历史教案来体会以试题说史的妙用。

（二）运用试题资源的教案与分析

教案一："第一次世界大战爆发的原因"

1.教学过程。

（1）教学活动一：一场战争，各自表述。

材料一：在近来的6年里，塞尔维亚（制造萨拉热窝事件）已经是第三次以这种方式把欧洲带向世界战争的悬崖了。

——《德国白皮书》

材料二：结束第一次世界大战的《凡尔赛和约》包括一项条款，明确指出这场战争是"由德国及其同盟国的侵略"引起的。这一"战争罪行"的条款不仅仅具有学术价值，因为它还被协约国用来证明它们向战败的同盟国提出支付赔款的要求是有道理的。

——斯塔夫里阿诺斯《全球通史》

问题一：材料一中，德国认为制造萨拉热窝事件与第一次世界大战爆发是什么关系？你认为萨拉热窝事件对第一次世界大战有何影响？

德国认为是塞尔维亚制造的萨拉热窝刺杀事件引发第一次世界大战。其实萨拉热窝事件只是一个加速战争爆发的导火线而已。

问题二：材料二中，协约国定性战争责任的目的何在？你认为德国对战争爆发是否负有责任？

目的是为掠夺战败国提供合法性。德国有重大责任，但不应该是唯一责任国，英法集团与德奥集团争霸才是战争爆发的主要原因。

（2）教学活动二：一则考题，新的思考。

（2005年普通高等学校招生全国统一考试全国Ⅰ卷文科综合试题37题选）：

材料一：在20世纪初的欧洲，"每个国家突然之间有了要使自己强大的感情，但都忘记了别的国家也会有同样的情绪；每个国家都想得到更多的财富，每个国家都想从别国得到点什么"。"在一九一四年战争开始的几个星期……最爱好和平，最心地善良的人，也像喝醉了酒似的两眼杀气腾腾"。

材料二：车厢上乱涂的字："去巴黎吃早饭！一刺刀挑死一个法国人！""仅仅是巴黎—柏林之间的令人振奋的旅行！""枪尖插着鲜花。"

——德尼兹·加亚尔等著《欧洲史》

问题一：以上材料反映出狭隘民族主义的什么特点？

本民族利益至上，排斥敌视其他民族；民族盲目自负。

问题二：结合所学知识简述狭隘民主主义的危害。

列强重新瓜分殖民地、两大军事集团、爆发第一次世界大战。

（3）教学活动三：两个讲话，一个体验。

材料一：德国外长皮洛夫在《铁锤和铁砧》的演讲中说，人们是做世界政治及国际经济的锤子或者铁砧？……德国要做欧洲外交的铁锤，而非处于挨打的铁砧。（威廉二世）"在世界末日来临之前，一切都将由剑说了算。"

——保罗·肯尼迪《大国的兴衰》

材料二：假如德国明天从地面上被消灭掉，那么，后天在世界上就找不到一个不因此而富有的英国人。过去，各国为争夺某一城市或某种遗产而厮杀若干年，难道现在它们不应该为每年50亿英镑的商业收入而战吗？

——《星期六评论》杂志（1887年）

问题一：以上材料反映了德、英两国什么基本国策？

德、英两国以武立国的基本国策，都是崇尚武力。

问题二：引导学生根据试题材料，结合课文内容全面分析第一次世界大战爆发的原因。

从课文知识可概括出第一次世界大战爆发的客观原因：两次工业革命，世界市场的最终形成，科技的重大进步，这都为第一次世界大战提供了客观条件。帝国主义发展的不平衡性是第一次世界大战爆发的根本原因。后起德奥集团要求重新瓜分世界。三国同盟与三国协约两大军事集团的斗争加剧了第一次世界大战的爆发。萨拉热窝事件点燃了第一次世界大战的导火线。

这些分析重在揭露帝国主义的战争本质，有利于学生形成正确的历史观。特别注意引导学生提炼试题中的新资料，分析第一次世界大战爆发的主观原因：政治家们武力扩张与零和博弈政策，欧洲各国民众中狭隘民族主义盛行。这种分析深入人们的思想与生活，有利于养成学生反对战争、热爱和平的世界观。

运用近年来针对第一次世界大战课题内容的高考题或模拟题，作为生活化的历史课程资源，拓宽课文有关表述的思维局限。它不仅能增加知识的趣味性，而且能帮助学生理解人物决策的心路历程以及第一次世界大战爆发的原因，客观方面包括导火线、挑战者、根本原因、具体原因、物质条件等，主观方面包括民众、政治家的认识与决策。特别是对狭隘民族主义的特点与危害有了生成性的理解，有利于对今天现实生活中狭隘民族主义的新变化加以批判，培养学生珍爱生命、维护和平的国际意识与正确的爱国主义观。

教案二："罗马法的起源与发展"（片段）

海南省海口市第一中学的张永红老师，曾经用一道综合题来深化对罗马法发展历程的教学。

试题：加图出身于罗马的平民家庭，从事橄榄油加工贸易工作。长期以来，他从贵族阿格里帕的庄园里采购大量橄榄，加工成橄榄油后，再卖给一个迦太基商人杜巴尔。这一年，加图在春天的时候就与阿格里帕签订了订购橄榄的契约，并预付了定金。同时，加图也收取了杜巴尔预付的橄榄油定金。但是，阿格里帕却在罗马对外战争中战死，他的家人在秋天时把橄榄高价卖给了其他商人，致使加图没有原料生产，更无法履行与杜巴尔的契约。于是，杜巴尔把加图告上了法庭，加图又把阿格里帕的家人告上了法庭。

问题：如果你是当时的法官，该如何判决？依据是什么？

引导学生从罗马法不同阶段的管辖范围与特点变化来完成以下填表：

	公元前500年	公元前400年	公元300年
杜巴尔告加图	不受理	不受理	受理并赢得诉讼
加图告阿格里帕家人	赢不了	赢得诉讼	赢得诉讼

此题是一段形象生动的生活化材料，以有趣的设问为学生进行计算与推理提供了一个活动项目。通过活动，不仅能充分激发学生学习罗马法的兴趣，活学活用罗马法相关知识，提高学生获取信息、归纳整理信息、推论观点的能力，让学生在运用中进一步理解和巩固知识，还能在活动中培养学生形成正确的法律价值观。

以试题说史，用试题的具体情境来化解教材关于概括的不足，让知识回到知识产生的背景之中，回到知识运用的情境之中，在做题的过程把静态历史变成动态历史，使学生在做题中理解并掌握知识，将知识内化成能力。

第二节　以今溯古融入生活

　　"为什么学生越学越没有了灵气和活力？为什么学生在课程实施中不能体验到快乐？问题的根源之一在于：中小学课程设计把学生固定在'科学世界'里，缺乏对学生'生活世界'的关照，难以体现全部的生活意义和生命价值。"[①]书本历史与地方生活历史存在着巨大的差异，各地教师要关心本地学生的生活，有意识地调动学生已有的生活积淀，找到现实生活与历史的对应点。从学生生活出发理解历史，才能激起学生学习历史的热情，联想古今，建构明晰生动的历史知识体系。再由历史回归到生活，有利于学生吸取历史智慧，解决身边问题。这样的历史课不仅令学生神往，热情不减，更赋予学生一双翱翔天空的翅膀，调动学生的想象力与创造力，深化拓展了学生的思维，产生无数的知识与情感体验，这就是生活化的历史课程资源，正所谓"问渠那得清如许，为有源头活水来"。

　　这个从现实去认识历史的方法，正如布洛赫所说的"由今及古地伸出掘土机的铲子"，最终实现历史为现实服务之宗旨。

　　由今溯古，教师从现实生活或现实问题入手，第一步，提出相关的现实问题；第二步，了解相关的历史问题；第三步，体验相关历史问题的过程。

一、设计思想

　　由今溯古策略以极为相似历史的现实问题作为实施的起点。以开发

关注身边生活　演绎精彩历史

① 余伟民：《历史教育展望》，华东师范大学出版社，2002，第258页。

历史知识、运用历史智慧解决现实问题作为目标，培养学生了解历史、感悟生活、预见未来的能力。以现实追溯历史，领悟细化的历史智慧再转过来指导现实生活作为实施途径，重点在于开发出与现实相关问题密切联系的历史智慧与经验教训，能提出对相关现实问题的建议，并激发和调动学生学习历史的兴趣与动力。

二、由今溯古策略的操作流程

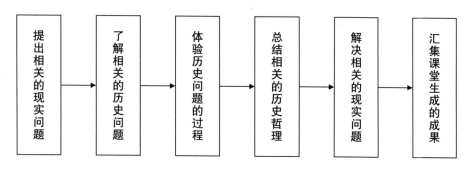

提出相关的现实问题 → 了解相关的历史问题 → 体验历史问题的过程 → 总结相关的历史哲理 → 解决相关的现实问题 → 汇集课堂生成的成果

三、操作实例

（一）教案一："经济建设的发展与曲折"（以热点问题切入反溯历史）

1. 教学设计。

本课是高中《历史·必修2》（人教版）第11课"经济建设的发展与曲折"，课程标准要求是概述20世纪50年代至70年代我国探索社会主义建设道路的实践，总结其经验教训。如何总结经验教训？以往教师大多从量力而行，生产关系适应生产力，以经济建设为中心等方面总结经验规律，虽然达到了教学要求，但感染力不够。2013年初，习近平提出中华民族伟大复兴的中国梦构想，全国上下在进行中国梦教育。2013年4月，南宁市教育局在南宁一中举行"我的中国梦"主题教育活动现场会，笔者接受了有关学科融入中国梦教育的展示课任务后，广泛阅读相关报刊与资料，了解正在进行的中国梦宣传活动的动态，理解其精神实质后，决定以中国梦为立意，开展"经济建设的发展与曲折"一课的教学。主题：中国梦，是社会主义梦，人民梦。中国梦，是科学梦。中国梦，是奋斗梦。

一节课，只能有一个立意，即主要目标。本课以情感态度价值观，即中国梦为主要目标，力图渗透中国梦教育，让学生感受到中国人民在中国共产党的领导下建立新中国的伟大力量，形成正确的历史观与社会观。一是中国梦，是社会主义梦，人民梦。二是中国梦，是科学梦。中国特色社会主义之梦，不是盲目冒进之梦。仰望星空，必须脚踏实地。三是中国梦，是奋斗梦。有梦相随，希望常在！我梦，我行，故我在！

2.教学过程。

教学分三个层次，逐层推进展开中国梦的教育。

第一个层次：中国梦，是社会主义梦，人民梦。

（1）设计意图：情感态度价值观教育的有效途径是通过情境体验来渗透。

开发课外多样化、生活化的课程资源，有利于学生感受历史，培养学生拥护中国共产党、热爱社会主义的态度与价值观，领悟只有中国共产党领导的社会主义才是中国梦的方向与前提。引导学生理解中国共产党不仅能领导人民破坏一个旧世界，更能领导人民建设一个新世界。中国梦是社会主义梦，人民梦。

（2）找切入点：社会主义建设的起步。

面对新中国成立初期严峻的经济形势，"一五"计划却取得了伟大的成就，这说明什么问题？从中得到什么启示？

（3）课程资源：情境体验——"进京赶考"。

材料一：呈现具有对比性的图片，新中国成立之初国民经济崩溃边缘与1956年"一五"计划的伟大成就。

材料二：才饮长沙水，又食武昌鱼。万里长江横渡，极目楚天舒。不管风吹浪打，胜似闲庭信步，今日得宽余。子在川上曰：逝者如斯夫！

风樯动，龟蛇静，起宏图。一桥飞架南北，天堑变通途。更立西江石壁，截断巫山云雨，高峡出平湖。神女应无恙，当惊世界殊。

——毛泽东《水调歌头·游泳》

材料三：歌曲《北京的金山上》

北京的金山上光芒照四方

毛主席就是那金色的太阳

多么温暖　多么慈祥

把翻身农奴的心照亮

我们迈步走在

社会主义幸福的大道上

哎　巴扎嘿

（4）问题的思考与感悟。

问题一：1949年以前中国强国梦失败的根源是什么？1949年后新中国工业化取得伟大成就的根源又是什么？

1949年以前中国处于半殖民地半封建社会，资产阶级和农民阶级的局限性是中国强国梦失败的根源。1949年后中国共产党领导国家独立，建立社会主义制度是中国工业化取得伟大成就的根源。

问题二：结合材料和所学知识，对于社会主义建设起步你得到什么启示？

通过图片欣赏、诗歌诵读活动生成学生情境体验，结合问题分析，让学生谈谈感受。

指导学生将呈现的图片、描述的言论作为体验式的课程资源，展开对比思考问题，引导学生从发展过程趋势归纳，从因果关系推理，从个人与国家进行联想，将真切的感受内化为正确的价值观。

只有在中国共产党的领导，走社会主义道路才能实现国家富强、人民富裕。中国梦必须是社会主义梦。中国梦又是人民的梦，在社会主义国家，只要努力，都会有成功与出彩的机会。

第二个层次：中国梦，是科学梦。

首先，设计参与式的活动情境，以问题为导向，以社会主义经济建设的探索与失误相关资料进行史料研习活动，引导学生参与历史之中，以练习活动来思考历史，通过教师正确的导答与理答，引导学生形成正确的体会与认识。其次，引导学生从材料归纳原因，以因果关系推理出认识：必须尊重规律，从实际出发；生产关系调整必须符合生产力水平；主观能动性必须以客观规律为前提。最后，引导学生提升到实事求是、科学发展的层面。中国梦必须是科学的梦，仰望星空，必须脚踏实地。

活动过程（略）

第三个层次：中国梦，是奋斗梦。

（1）设计意图：现在的人了解探讨历史上的人，了解探讨人的思考、人的行动、人的情感与智慧。

开发人物活动类的课程资源，教师进行富有感情色彩的生动描述，通过人物的嘉言善行最能体会历史人物的品格，以实现人格教育，让学生明白正确的价值观：中国梦，是奋斗梦。有梦相随，希望常在！我梦，我行，故我在！

（2）找切入点：国民经济的困难。

面对经济困难与劫难，干部群众采取怎样的态度与行动，从中可收获什么精神财富？

（3）课程资源：人物体会，体会历史人物的高尚品格。

材料一：终生奋斗石油梦。

"宁可少活20年，也要拿下大油田。"

"石油工人一声吼，地球也要抖三抖。"

——王进喜

材料二：风沙中那梦想的坚持。

"关注人民事，忘身直若无。"

焦裕禄死了，他却永远活着。

——焦裕禄

材料三：展示1958年广西人民奋斗的成果。

  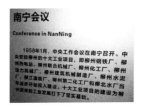

南宁市大王滩水库　　　贵港市武思江水库　　　柳州十大工业项目

（4）问题的思考与感悟。

问题：不管是普通工人还是革命干部，他们为了梦想，面对困难都是什么态度与行动？美好的梦想必须靠什么来实现？从个人看，你有什么梦？怎样才能实现呢？中国梦又是什么梦？

以历史人物及现代人物奋斗故事为课程资源，开展了讲故事谈感受的项目活动，让学生在学习活动中体会出中国梦是奋斗梦，艰苦奋斗勇创奇迹。

一节课下来，以现实反溯了历史，用历史照亮了现实，达到了预期目标：培养学生对中国共产党和社会主义的拥护之情，以及建设社会主义的奋斗精神。

以时代潮流和现实热点切入我们的历史教学，用丰富的生活化的历史课程资源来进行课堂教学，实现历史教育启迪现实、服务人生的最高宗旨。所以说，历史只有与现实生活链接，为现实生活服务，才能落地生根，深入学生心中，使其形成正确的情感态度价值观。这样的历史课不仅能让学生学到丰富的知识，而且能丰富学生生活，提高他们的生活质量与层次，促进学生能力发展，能从现实出发反思历史，从历史发展思考现实生活。

（二）教案二："罗斯福新政"

1.教学设计。

本课为高中《历史·必修2》（人教版）第18课。课程标准要求：一是了解1929年至1933年资本主义世界经济危机爆发的原因、特点和影响，认识罗斯福新政产生的历史背景。二是列举罗斯福新政的主要内容，认识罗斯福新政的特点，探讨其在资本主义自我调节机制形成中的作用。

为了发挥历史服务现实的作用，教师把历史上的罗斯福新政与今天的改革开放进行链接，把计划与市场关系作为教学的主题，教学宗旨以为今天改革开放事业及个人成长寻找历史借鉴。本课教学弱化教材有关罗斯福新政措施的讲解，增加情境材料的感受与探究，体会改革开放的智慧与启示。着重分析探讨计划与市场的关系及其对今天社会主义改革事业的启发。

本课的教学通过开发生活化历史课程资源，培养学生历史学科核心素养，关键要处理好以下三对关系：

一是处理好科学世界与生活世界的关系。新课程改革的重要任务之一就是开发利用课本以外的相关史料，丰富历史情景，引用与课文观点不一致的相关评述，再现历史的复杂多样性。以此处理好书本世界与生活世界、遥远世界与身边世界的关系，回归学生的生活世界，实现科学世界与生活世界的和谐统一。

二是处理好历史与生活的关系。历史知识与现实生活的关联有赖于历史与现实的系列问题，它是一条让历史走向现实的桥梁。本课把"市场与政府如何互动使经济效益最大化？"作为教学主题以及历史课堂的中心。教师把教学主题划分为四个问题：一是自由放任还是政府干预？二是政府怎样干预市场？三是干预带来什么后果？四是罗斯福新政给中国改革带来什么启示？另在四个问题下设置若干具体问题，形成高低结合、错落有致的问题体系。

三是处理好问题探究与操作的关系。项目学习就是问题探究较好的平台。从活动平台看，学生应有一定的项目作为依托，教学上称为抓手，不能胡诌乱扯。本课安排了四个教学活动：一是探究原因背景的"驴象对话"，二是体会智慧的"鹰鸡对话"，三是概括影响的"凤凰与乌鸦对话"，四是感悟历史的"龙鹰对话"。四个教学活动都让学生分工参与探究，或概括或分析或比较，各种素养培训扎实推进。

2.教学过程。

（1）教学活动一："驴象对话"——自由放任还是政府干预？

1932年，是美国总统大选年，共和党（以大象为标志）和民主党（以驴为标志）分别推出胡佛和罗斯福竞选总统，胡佛仅得59张选票，身有残疾的罗斯福获得472张选票，坐轮椅的罗斯福狂胜身体健全的胡佛。

材料一：展示并讲解三张罗斯福成长历程的图片。

材料二：罗斯福演讲的三段名句。

"Happy days are here again."（重建幸福生活）

"My firm belief that the only thing we have to fear is fear itself-nameless."（恐惧只是恐惧本身）

"I pledge you, I pledge myself to a new deal for the American people."（我对你，也对我自己宣誓，要为美国人民实行新政）

问题一：请同学们阅读以上材料，结合所学知识，谈谈罗斯福取胜的原因，进而概括新政策的背景。

引导学生思考的角度：罗斯福本身；时代大事；对手胡佛；人民愿望。深入理论思考：由生产力与生产关系得出根源。

问题二：胡佛与罗斯福之争的实质是什么？

引导学生上升到经济体制来思考，市场经济是自由放任还是政府干预。

历史是人的历史，历史课程资源应该是有情节、有细节的。正如上海市特级教师孔繁刚老师所言："一个人，一个伟大的事件，反映了精彩的历史。"教学活动项目一以人物竞选斗争细节生动再现历史，分析说明历史时代背景。以人物形象、人物嘉言懿行感染学生，使其形成自信阳光、积极向上、勇于创新的人生态度。

（2）教学活动二："鹰鸡对话"——政府怎样干预市场？

鹰是美国国徽中的图腾形象，是政府权力的象征。鸡是市场中普通商品之一，代表市场商品。所以，政府对市场干预又可以比喻为鹰与鸡的对话。

①探究材料：展示生活化的史料（"鹰鸡官司"）引导学生进行探究。

材料一：1934年11月，美国国家工业复兴局（National Recovery Administration，简称NRA），以鸡价太低违反不正当竞争法、工资太低违反最低工资法、让顾客自己挑活鸡违反《活禽法规》等罪名把谢克特兄弟告上法庭。谢克特兄弟逐条辩护，但纽约东区法院还是判决谢克特兄弟有罪，处以罚款和短期监禁。一审NRA赢得第一回合。

材料二：谢克特兄弟不服，上诉至最高法院，大法官也对政府有关不准顾客挑选活鸡，只许随手一抓的规定感到很好奇。1935年5月27日，大法官以9∶0的票决裁定：包括《活禽法》在内的《全国工业复兴法》违反了《美国宪法》，谢克特兄弟无罪。二审NRA寿终正寝了。

问题一：美国法院一审与二审结果为什么会截然相反呢？从中发现罗斯福新政存在什么问题？

引导学生的正确思路：从案件看，政府干预时间是否过长？强度是否过大？从新政措施看还有哪些不足？如美元贬值是否容易造成通货膨胀，既掠夺本国人民，又抢占外国市场？《全国工业复兴法》是否严格限定各种各样的企业自由？农业毁产补贴是否浪费？《社会保障法》是否会造成财政赤字，高税收是否会削弱竞争力和投资积极性？还会不会造成新的产能过剩？

问题二：如何处理好"左手"与"右手"的关系？

引导学生对比胡佛与罗斯福经济政策的效果，回顾已学过的苏联斯大林模式形成与中国社会主义经济改革历史。让学生通过比较思考，达成正确的历史认识：计划与市场必须结合，政府必须干预但不过度。

以"鹰鸡官司"这一故事化、细节化的材料还原历史本来面目。以详细而有矛盾冲突的史料启动学生探究活动，便于学生更好地理解历史，体会历史人物的智慧。这样的历史，少了政治说教，多了情感价值与策略智慧，有利于实现历史人文教育的功能。

（3）教学活动三："凤凰与乌鸦对话"——干预带来什么后果？

凤凰象征着如意吉祥，对事物的赞扬，我们称之为"凤凰献舞"。乌鸦嘴没好话，就是对事物的诋毁和否定，对于罗斯福新政的作用，多年来中外学者有褒有贬，就像凤凰与乌鸦的对话。

①探究材料：有的学者指出，罗斯福新政的意义远远超出经济领域，也超过一定意义上的改革，不论提出者自己是否意识到，它都造成了资本主义的一次深刻变革或者是一种再生。另一些学者指出，罗斯福新政的目的只是保护和巩固资本主义制度，不应过分赞扬。

②问题的思考与探究：请同学们概括所学知识，提出自己的观点。

思路提示：罗斯福新政是否摆脱了经济困境？是否改变了美国经济政治体制、改变了世界、改变了制度？使学生认识到：罗斯福新政开创了国家干预经济的新体制，有利于美国经济的复苏，但没有改变以私有制为基础的资本主义社会制度，不可能从根本上解决经济危机问题。

以当今学术界矛盾对立的不同观点，激发学生的思考，引导学生的求异思维与发散思维，从而培养学生的创新意识与思维的独立性、全面性，提升论从史出的历史素养。

（4）教学活动四："龙鹰对话"——罗斯福新政给中国改革带来什么启示？

①探究材料：《在轮椅上的总统》一书写道："这个坐了20多年轮椅

关注身边生活 演绎精彩历史

的伟人，战胜了残疾、战胜了对手、战胜了经济萧条、战胜了法西斯。"

②问题的思考与探究：结合材料与所学课文内容，分析罗斯福新政为什么能取得成功？对我们有什么启示？

先引导学生从时代潮流、改革力量、社会环境、国际环境、个人因素等视角，分析罗斯福新政成功的原因，再从新政原因、内容做法、成功原因等方面推导出启示。

把世界与中国、历史与现实结合起来，把课内活动与课外活动衔接起来，提炼出对中国改革开放与人生发展的历史启示，使历史服务于现实。同时提高学生因果推理、归纳总结、比较概括等方面的史学能力。

3.课后反思。

历史的理解与解释的依托是什么？高中一年级学生对史料阅读兴趣较弱、能力较差，相反对生活化的故事阅读较有兴趣与能力。从活动铺垫看，问题探究需要准备丰富的情景材料作为铺垫。生活化的历史课程资源为学生提出假设、验证假设提供丰富的资料，使学生能摆脱对教师与教材的依赖，真正自主探究学习，提高学生认识历史，用历史智慧解决现实问题的能力。

英国地质学家赖尔说过："现在是了解过去的钥匙。"学生以当下现实去审视历史，会理解得更深刻。用历史来说明生活，使学生看待社会与事物的眼光更高更远。学生从身边的人与事出发学习历史，能更好地理解历史，形成历史素养，这些都有利于学生近距离观察历史，感知形象的历史，激发兴趣，增知、明理、生情，点化思维，促进学生的人生成长。从现实生产与生活中开发能追溯历史内容的资源。从现实的存在中回溯历史，用时事引入历史，把时事与历史结合，培养历史思维。讲述身边的小历史，理解国家的大历史。以现实生活的丰富性和变化性来推动课程与课程资源的开放性与发展变化。

第三节 由古及今辐射走向生活

一、设计思想

历史学习的目的在于服务学生的现实，当学生看到历史学习与现实生活紧密相关时，就会产生学习探究的兴趣，养成从历史向现实生活迁移的思维习惯。从课文延伸到现实的教学设计，可以称为由古及今辐射策略。所谓古今，并不是专指古代与现代，而是泛指历史与现实生活。由古及今辐射策略实施的起点在于将一个有着广泛影响的历史事件、现象、人物或思想观点作为辐射的中心。实施路径是从课文知识或思想观点扩展到与此相关的现实生活，实现历史对现实广泛的指导作用。即以历史教材内容为切入点和原型，对家乡生活进行系统的思考，师生一起开发出与课文内容相类似的家乡历史知识，利用生活经验加深对课文内容的理解，使历史知识具体化，可触摸，可运用。

二、由古及今辐射策略的操作流程

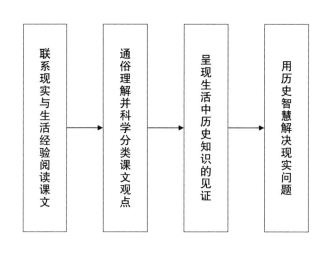

联系现实与生活经验阅读课文 → 通俗理解并科学分类课文观点 → 呈现生活中历史知识的见证 → 用历史智慧解决现实问题

关注身边生活　演绎精彩历史

三、操作实例

教案一："儒学的影响"

1.教学设计。

春秋时期，孔子创立儒家学派，提出了儒家思想，在长达两千多年的封建社会，儒家思想不断地传承与发展，被汉朝及以后历朝奉为正统思想，是中华传统文化的主流思想。儒学博大精深，影响深远，不仅服务于封建王朝的统治者，也泽被后世，对今天政府决定、民众生活、国际交往都有启迪意义。笔者把本课教学主题定为"儒学与现代生活"，引导学生关注现实生活中反映儒学观点的现象，理解儒学对现代生活的影响，体悟儒学的智慧，以及对现实生活的启示。

2.教学过程。

（教师与学生一起解读儒家思想真正含义后，着重引导学生展示平时观察及课前搜集的资料，挖掘儒家思想在现实生活中的作用及影响。）

（1）找寻生活中与儒学相关的文化遗物遗存。

如广西贵港市港南区木格镇班凤廖氏神祠堂，堂号为"世彩堂"，堂联为"三洲世德　万石家风"。

（2）相关著作。

高中语文课本选编有孔子及其弟子编著的《诗经·氓》《诗经·采薇》《论语·子路、曾皙、冉有、公西华侍坐》，孟子的《人之于国也》，荀子的《劝学》，等等。

（3）箴言名句。

师：通过学习儒家思想这部分历史，我们从中得到什么感悟呢？可从政治、经济、生活、学习工作、待人处世、品格气节等方面寻找现实生活中的历史见证，体会儒家对现实的影响。

孔子说过的"己所不欲，勿施于人"，孟子"与民同乐""民为贵，君为轻"的仁政思想，在我们日常生活有哪些类似的通俗说法呢？

生：全心全意为人民服务。以前人们把好官、廉洁的官叫作"青天大老爷"，今天叫作人民公仆。

生：古代著名的清官有包公。今天有焦裕禄、孔繁森等。

师：虽然以上人物的阶级本质不同，但确实有着继承关系，体现了中华民族传统美德、依法治国和以德治国相结合的思想。

　　……………

　　师：儒学非常强调仁爱、和谐、团结。其实这些深奥的道理已深入平常百姓生活之中，请同学们通过朴实通俗的语言表现出来。

　　生：美不美，乡中水；亲不亲，故乡人。狗不嫌家穷，子不嫌母丑。

　　生：知己知彼，将心比心。忍一时风平浪静，退一步海阔天空。

　　师：这些俗语讲究亲情乡情，尊老爱幼、和谐团结是我们的精神财富。但现实生活中过分强调忍让与亲情则容易使人丧失原则，形成懦弱的性格，导致重情轻法的不良倾向。

　　师：从品格气节上，儒学要求人们有志气、有人格、有国格。有哪些词句可以表现出来？

　　生：三军可夺帅也，匹夫不可夺志也。杀身以成仁。

　　师：这些哲理名言，到了民间同样被发扬光大，并以通俗易懂的语言传颂着……

　　生：我在看书时看到一则对联：一二三四五六七　孝悌忠信礼义廉。实际就是骂一个人没有道德，忘了八端中的耻字，是"无耻""恬不知耻"。

　　师：同学们的理解还是蛮透彻的，做人的基本是要有羞耻心。

　　……………

　　师：儒学思想不仅流传在语言上，还凝固在实物之中，我们老家就有隐含儒学思想的建筑物，像大家过年时都看到的——

　　生：老祠堂。我们桥圩镇青塘村老祠堂老宋屋里有很多图案或楹联，有樟木牌匾"德馨俎豆"，有对联"铁石梅花太平宰相　山川香草古艳文章"。我爷爷说这间老祠堂是清朝顺治年间乡贤宋瀚所建，鼓励后人要当梅花般高洁的太平宰相，写出流芳千古的文章，表达了宋瀚劝喻子孙耕读传家，学而优则仕，光宗耀祖的希望。

　　师：这的确充分体现了儒学的学而优则仕，知识分子修身、齐家、治国、平天下的思想。

　　（4）全面分析儒学的影响。

　　从内容看，儒学反映奴隶制度瓦解、劳动者地位提高的历史趋势，有利于缓和社会矛盾，促进社会安定和生产发展。

从实践看，西汉开始的历朝历代都把儒学奉为正统思想，作为实行轻徭薄赋政策的指导思想。

从文化地位看，儒学孕育了我国传统文化中的政治理想和道德准则，是中华传统文化的瑰宝。

从对今天作用看，儒学对今天的文化教育、经济建设、政治建设、道德建设有着启迪作用，对国际关系协调、世界和平发展也有现实意义。

从消极方面看，儒学在创立时期不适应战争时期武力统一国家的需要，后来也日益走向保守与消极。

（课后，同学们对课堂生成知识进行整理，并进一步探究儒学对我们生活的影响，最后共同编写了《儒学与今天生活》的学习小册子）

3.课后反思。

一些教师在听了这节课后，提出如下问题：教师上课说得这么远，岂不是增加学生的记忆负担？能给学生带来什么益处呢？

4.分析。

从课文辐射到现实生活，是否增加学生的记忆负担？这涉及"用教材教"还是"教教材"的教材观。国家统编历史教材也避免不了国家普遍性的知识内容与地方学习环境、生活环境特殊性、差异性之间的矛盾，课程资源的丰富性与教材内容的限定性的冲突也同样存在。因此，课程必须留有弹性，"应留有较大的允许改变和补充的空间"[①]。历史不仅存在于教材之中，更存在于生活之中，这需要教师与学生在教与学的活动中根据课程目标和地方的实际，开发出隐含在现实生活中适应地方差异的课程资源，又称为教材的再度开发。在本教案中，师生们运用教材又不局限于教材，以教材儒家思想为知识起点，定点辐射，从课文联系到日常的故事、传说、生活经验等，将生活方方面面的知识与情感引入历史课堂教学中，把深藏于生活中的儒学精华挖掘出来，形成体验性的历史认识。如此一来，加深了学生对历史的理解，解决了国家课程与地方实际的矛盾，不仅没有增加记忆负担，反而有利于理解掌握课文知识。

由古及今辐射策略，主要解决历史教材课程与地方生活差异的矛盾，将课程带到生活之中，将专家史学拓展到公众史学里面去，实现由

[①] 赵亚夫：《国外历史教育透视》，高等教育出版社，2003，第173页。

学术到生活，由古思今的历史教学新境界。它以丰富多彩的生活知识实现历史教材的再度开发，从而生成新的历史认识。这也就是培养学生关键能力、必备品格、正确价值观，服务于学生生活的历史教学。

由古及今辐射策略，必须关注以下几个"一"：

第一，看一看，说一说，本节课文有什么？落实课文基础知识。

第二，查一查，谈一谈，生活世界有什么？生成扩展到现实生活的历史知识。

第三，想一想，你进入历史会怎么做？深入历史，走进历史人物的心里。

第四，悟一悟，要对后人说什么？为现实服务，拓展深化思维。

第五，思一思，我为历史做什么？如历史文物的保护问题。

特别要指出的是，课程改革的重要内容是重新定位教学的目标，按传统的教学思想，一节课重在落实课文知识点和重点习题的强化训练。新课程改革的教学理念更注重的是从旧知识中生成新知识，从生活中生成新知识，又运用这些知识来解决生活中的实际问题。本节课以历史事件或现象为起点，挖掘出隐含在现实生活中丰富的历史知识和历史智慧，更好地为现实生产生活服务，从而实现了历史教学的宗旨。真正体现了新课程内容生活化、形态动态化、过程体验化、使用创造化的新理念。

第四节　捕捉和利用学生自身的课程资源

学生是历史学习的主体，也是历史教学的课程资源。学生课程资源主要指学生自身具有的有利于学习的资源，包括生活信息、经验与知识、问题与困惑、思维方式、兴趣爱好、个性特征等。按存在方式来看，学生课程资源有携带式课程资源、生成式课程资源和个性化课程资源。携带式课程资源指学生在学习本课之前已有相关的知识、经验和掌握的资讯。生成式课程资源主要指在课堂教学中师生互动生成的资源，包括学生回答教师的问题，或是在课堂中突发的某一事件，或是学生的特殊表现等。个性化课程资源主要指学生由于生活条件及经历差异而形成的不同的心理特征，包括独特的思维方式与观点。关键是如何发现并且捕捉学生活动的兴奋点和闪光点，开发利用课堂中动态生成的课程资源。

一、回顾法与调查法挖掘学生生成携带式课程资源

奥苏伯尔曾说："影响学生学习新知的唯一最重要的因素，就是学习者已经知道了什么，要探明这一点，并应据此进行教学。"建构主义学习论强调，新知识的建构有赖于学习者已有的知识和经验基础。因此，挖掘学生既有的相关知识和经验，就是进行新知识学习的重要课程资源。

首先，是回顾法。通过一些历史视频或旧知识问答，引导学生进入相关的时代背景，刺激学生回忆旧知识，回顾已学同类事件及知识，从而把学生已学知识及生活经验调动出来，回顾法不仅有利于激发学生学习的兴趣，而且有利于学生更好地理解新学历史知识。例如，在分析近代文官制度的作用之前，请同学们先回顾中国古代史有关隋唐科举制的作用，归纳出分析隋唐科举制度作用的视角与思路，然后比照这一思路，启发学生分析同样用考试方法选官的近代文官制度的作用：打破特权阶层对官职的垄断，扩大了统治基础；推进社会公平、公正，有利于人才脱颖而出；提高官员队伍素质，加强对社会的有效管理。这样，把学生回顾的旧知识变作学生学习新知识的课程资源。

其次，是调查法。通过谈话或问卷调查了解学生对某课历史人物与知识的想法，关注并肯定学生提出的每一个问题，且落实到教学中去。比如，南宁市第三中学谭锋老师执教"古代中国的商业"一课时，先调查学生对商人的印象，老师及时反馈引导学生思考。然后有针对性地对有关晋商、徽商诚信勤勉的史料进行研习，对学生进行中国商业文化教育。

二、星火燎原法捕捉和利用学生生成式课程资源

（一）弹性设计，自主生成

在教学设计过程中，教师不能把教学的内容与程序定得太窄、太

死，而应对某些问题或重点内容故意不讲或少讲，留出空白，为学生提供想象的空间和思考的余地。

（二）情境诱导，调动激情

一段史料，一段音频视频，甚至一个故事，一句幽默的话，都可以激发学生的兴趣，激起学生的好奇心和探求欲，推动学生去思考与质疑。

（三）捕捉信息，星火燎原

抓住学生在课堂上提出的问题与错误，作为动态生成的课程资源。学生提出的问题是自己的问题，最能激发他们探究的兴趣。学生学习中的错误，也能说明教与学的方向与着力点在哪里。学习其实是一个不断试错与纠错的过程，允许学生犯错误，让学生呈现其错误，引导学生去纠正错误，这种学习过程是让学生终生难忘的学习过程，也是最富有成效的学习过程。抓住课堂中学生思维的闪光点，顺势引导学生进行探讨，把一个问题拓宽到相关问题，多角度思考，形成完整的知识。如2013年4月，笔者执教"经济建设的发展与曲折"一课时，提问一位同学有关"大跃进"与人民公社化运动失败的原因与启示问题时，该生回答他是准备读理科的，没想那么深的历史问题。我马上抓住他的想法展开提问："你为什么选择读理科？""除了目标之外，在条件、特点方面的原因是什么？""这说明一个人的选择是依据什么来决定的？"最后将问题加以提升，一切从实际出发、实事求是的历史价值观就自然形成了。

2003年，武汉华林飞老师上了一节全国政治公开课"事物发展变化"。教师讲到一切事物都是向前发展时举了一个鸟类进化的例子加以佐证。这时一个学生突然举手说："老师，我有问题，鸟类有返祖现象，岂不是与发展相矛盾？"学生的问题一下子把老师设计的流程打乱了，老师一个字也答不上来，一批学生正在等着看笑话，华老师一时未想好，看见学生得意洋洋的样子，华老师急中生智说："你能提出问题，你有办法解决吗？"提问的学生马上有条不紊地大声说："返祖只是个别现象，是支流。发展进化是一般现象，是主流。个别支流决定不了一般主流的发展大势。"华老师立即接着说："说得太好了，正所谓'沉舟侧畔千帆过，病树前头万木春'。倒退是暂时的，发展是永恒的。"一时掌声雷动，课堂进入了高潮。

华老师抓住学生恶作剧的时机，激发学生讲出自己的想法，这就是很好的学生课程资源，通过文学包装哲学，生动诠释哲理，还提升了情感，实现情理交融，把学生资源引向新的高度。

三、改变教学方式来展示学生个性化课程资源

改变教学方式来展示学生个性化课程资源，这是针对学生个体优势课程资源的开发和利用。给学生充分的表达空间，引导学生思考，让学生把感人的记忆与故事、独特的思考与智慧呈现出来，共享、感悟，这就是学生个性化课程资源。

首先，在课前导学中挖掘运用学生个性化课程资源。通过导学案引导学生课前自主学习，要求学生在自主解决基础问题的同时，提出各自的疑惑与问题，并通过班级通信群等方式反馈回来，呈现每个学生的个人学习问题。小组讨论互相帮助解决问题，就是利用了同学们的智慧互助。小组展示问题，全班互动，进一步汇集了全班同学的智慧解决问题。这些由同学们各自提出，不断拓展和深入的问题，既有利于引导其他同学的思考，也有利于得到其他同学的指导，达成学生之间的个性化课程资源分享这一目的。

其次，在课中开展合作探究分享学生的智慧。改变教学方式，开展合作探究学习活动，给学生展示自我的平台与机会，让学生有机会在师生面前表述与交流。学生发表自己不同的见解，开展交流辩论，形成智慧共享，形成全面的新的认识。教师参与其中，顺势提出更有高度的问题，引导学生深入思考，从而优化学生个性化课程资源，有利于提升学生的思维品质与学科素养。

最后，在课后收集与展示学生作业，建立错题库。课后作业是教学活动不可缺少的重要环节，更是学生丰富的个性化课程资源。每位学生的知识储备不同，心理特征以及思维方式各具特色，完成作业的质量有高低之分，思考问题的角度各有不同，表述问题的方式各有利弊，产生错误的题型也不尽相同。作业完成，将学生的作业转化为有效教学资源。教师注意收集典型的作业本，供其他学生参考学习。收集学生在历次测试或作业中的典型错题，建立本校学生各课题的错题库，既为其他同学提供各课题学习的经验与教训，也为教师解决教学难点指明了方向。

改变教学方式，展示学生个性化课程资源，对教师提出了新的要求：

（一）转变教学观念，以学生为中心。

教师要关注每一位学生的学习状况、现有的学习水平、情感体验，关注每个学生的个性特征。以学生发展为中心，转变教学观念，不能把教材等同于课程全部。将学生的个性化特点转化为课程资源，是更直接的课程资源。

（二）建立平等互动的师生关系。

师生之间、生生之间的人格平等，是合作探究教学的前提。师生互相尊重、互相接纳倾听，才能拉近师生心灵的距离，激发学生思考与表达的勇气。平等互动的师生关系有利于把学生个性化课程资源开发出来。

（三）多读诗书，夯实教学功底。

学生的个性化课程资源，往往是通过学生提出的问题来展示的。教师必须具备渊博的知识，宽广的视野，厚重的文化功底，才能应对自如。这就需要教师在课前充分地备课预设，收集相关课程的知识。教师要多读书，不断提升自己的专业知识、专业理论水平，丰富自己的知识储备，才能应对学生日益活跃的思维。

由于各学生自身条件与个性差异极大，资源丰富复杂，挖掘利用学生本身课程资源，应当把握好以下两个原则：一是选择问题。根据目标原则，面对课堂中随即生成的课程资源，要时刻与教学目标相比照，该扬则扬，该抑则抑，作出适当的选择，不能偏离教学目标，避免出现为挖掘资源而过度扩大课堂容量。如学生提出与本课教学关系不大的问题，要转移或行使否决权"这个问题今天暂时不讨论"。二是整合问题。如何把学生随意提出的问题与本课教学主题整合起来呢？教师可以以平等中的首席身份参与提问，根据本课教学的主题，把学生过于涣散的问题收拢起来，进行梳理整合。在学生提出问题时，教师一边板书记录，一边整合归类，把类似及重复的问题放在一起，使问题不至于庞杂零乱，以便形成最有价值的问题体系。并按历史发展的逻辑关系调整问题解决的先后顺序，不仅总结了知识，有利于有序落实知识，还能切合教学主题，落实教学目标，把历史学习引向学科核心素养的高度。

第五节　以人说史细化历史

一、历史课堂离不开人的情感

我们所说的历史，本质上是人的历史。人的历史强调人物化的历史课程资源。人物化的历史课程资源有利于学生穿越时空，自然地体会历史，生成历史的意识、智慧与情感。为了丰富历史教材的内涵，再现生动的历史，教师要特别注重利用富有感情的人的活动过程，作为历史课程资源，它有利于形成生动鲜活的、有情感的历史。

高中历史教材时间跨度大、概念多、头绪杂，知识呈现枯燥、深奥，学生难以接受。历史教材过分强调宏观历史的结构和微观历史的概念，隐去了历史中本来应有的鲜活的"人"与"事"。这种历史，缺乏感同身受的历史之"情"。

历史之美，在于细节之美。这些细节来自精彩的人物故事。通过故事中历史人物智慧与品格的示范作用，培养学生正确的历史情怀。

在后现代主义历史观影响下，史学界研究的着眼点已从关注大人物转向关注普通百姓，从政治宏大叙事转向平常生活的微观细节。史学家选取与百姓生活密切相关的生活化事件来说明历史大势，对大时代、大人物的呈现也是通过一些平凡小事来还原其个性特色。

历史知识背后有着具体生动的人物故事，历史发展进程与历史人物命运交相辉映，历史发展为历史人物打上时代烙印，历史人物又影响时代发展，从历史人物人生轨迹变迁、命运的转变去解读历史信息，有利于领悟出时代的变化与历史发展的趋势。人物内容丰富多彩，有血有肉，开发利用人物化的历史课程资源，可使历史亲切化，生动化，呈现出学生喜闻乐见的历史。开发利用好这些资源，有利于把历史教学变成润物细无声的思想渗透。

人物化的历史课程资源，是历史理解的必要依托。历史教学中，以人说史开发利用人物故事资源，是还原生动历史、生成历史之"情"的重要途径。创设人物活动细节场景，有大时代大背景，也有小人物小细节，包括人物对话、人物经历、人物心理，走进历史人物的心路历程等，以人情带动事情，以情感人。

以人说史构建历史教学需要寻找生活化的小故事、小切入点。在教学的准备与实施中，首先，寻找大时代背景下人物的小故事、小细节，从人物故事去聚焦一个个历史节点，从而构建出历史发展变化过程的时间纵轴，以人物的历史细节生动反映大历史的阶段特征。其次，把小历史（普通人物细节化的历史）放置于社会历史时代的大背景的时空横轴上，以人物细节的前因后果所引发的问题进行探究，形成理性分析的历史解释能力，达到以小故事反映大历史（宏观的历史趋势与本质）的作用。最后，在构建与分析小历史的过程中，引导学生赏析小历史之生动美感，调动学生深厚的历史情感，在深入历史、感同身受的场景中形成正确的情感态度与价值观。

二、以人说史构建历史教学的基本步骤

以人说史构建历史教学的基本步骤包括以下几点：

（一）抓住历史人物与时代关系进行教学立意

抓住时代主流与典型人物，以时代造就人物，人物促进时代发展作为教学立意。文科教学需要有一种人文价值的理想或精神贯彻始终，才能肩负起人文素养教育的功能。历史教学侧重在人物活动中体现的价值追求，具体到每章每节课的历史人物活动都蕴含其价值立意。有效的历史课堂首要是选择好一个独特而高远的价值立意，引导学生从活动参与、深度思考中把它体悟出来，实现学科知识与学生生活自然联结，养成正确的价值观念。如高中《历史·必修2》（人教版）第12课"从计划经济到市场经济"，以改革开放总设计师邓小平活动与思想为教学立意：思想解放，观念创新是行动的先导。邓小平主导关于真理标准问题的讨论，打破个人崇拜，党的十一届三中全会召开，拉开了我国改革开放的序幕。邓小平肯定了安徽小岗村十八位农民的做法，打破平均主义，改革开放的春风吹遍希望的田野。邓小平南方谈话，打破对计划经济的崇拜，商品从政府定价发展为随市场潮涨潮落，我们从计划经济走来，奔

向市场的大海。中国特色社会主义道路是实现中华民族伟大复兴的必由之路。

（二）以历史人物活动为线索构建历史课堂

以历史人物经历为明线，通过归纳概括、归因分析、逻辑推理得出时代特点、历史流变过程的暗线，以一个个鲜活的人物故事去反映一段段复杂丰满的历史，人物的困境说明历史开创的艰辛，人物的辉煌反映历史发展的繁盛，人物的特色打上历史发展的时代烙印。主要的做法：一是以历史人物经历的重大历史事件为线索，整合课程资源，重组历史教材内容，通过典型人物年表或精炼的人物故事把课文知识要点串成一条线，达到教育教学中求知识与技能的目的；二是把历史知识置于人物活动的情境之中，便于学生进行体验与探究，所选故事一般要求是真实的故事，如果时代久远，如古希腊罗马史，可以适当用一些虚拟故事，但虚拟塑造出来的故事必须符合时代的现实。

（三）以历史人物言行创设问题情境，设置活动项目

找出历史人物经历的变化反映历史变迁的关节点，设置人物面临抉择的问题，让学生设身处地感受历史人物，尊重历史人物，宽恕历史人物，体会历史的多元价值。关注同时期不同人物或同一人物不同时期的言论冲突、历史人物行为与今天学生认知的冲突、新材料与教材观点的冲突，以认知冲突来启动学生的疑问与探究活动。开展项目学习活动，让学生以特定的历史人物的身份去完成某一项目工作，在做中学，既加深对历史人物和历史事件的理解，又体会到历史人物的意志、品格和智慧。

（四）以历史人物命运进行反思，培养正确的家国情怀

以史料研究方法分析人物活动产生原因，分析历史事件成败的原因。以人物故事情境体验法，让学生置身于历史人物活动情境之中，跟随历史人物神游历史活动过程，感念人物的命运动荡，汲取历史人物的经验教训与智慧，对历史人物的言行产生同理心，更好地理解历史，解释历史。上海市晋元高级中学的李惠军老师特别强调"大道藏细节"，利用历史人物故事的跌宕起伏来打动学生心灵，唤醒学生心中的真善美。对人物故事体验与反思，有利于感悟历史人物的人品与思想，找到人物变化中隐含的不变精神如历史规律与方向、人性人格与美德等，培育修

身、齐家、治国、平天下，爱家、爱乡、爱国、爱人类的家国情怀。

三、操作实例

教案一："从孙中山的选择看辛亥革命"

1.孙中山的选择，是空想还是必然？（革命者之明）

面对东方巨人，病症何在？是保守疗法还是动大手术？是要改革还是革命的问题，请以一定历史角色的口吻写一篇辩论稿，并当堂进行展示或辩论。要求说明各自的立论与论据（理论与事实依据/论证），鼓励学生在发言中互相质疑与解答。

材料一："人民既乏国民之常识，而于风俗习惯尤未改革。""于共和国之组织，若选举，若会议，及其他人民对于国家种种应尽应享之权利义务咸不谙熟。"

——张静如等《中国现代社会史》

材料二：公理未明，即以革命明之，旧俗俱在，即以革命去之。——革命是除旧布新的良药，实现民主共和是不可抗拒的历史潮流。

——章炳麟《驳康有为论革命书》

材料三：革命者，天演之公例也，竖独立之旗，撞自由之钟——我中国今天不可不革命。

——邹容《革命军》

结合材料，讲述改良派与革命派论战的内容，探讨辛亥革命的必然性。

2.孙中山进行辛亥革命，是慷慨还是悲凉？（革命者之大勇）

教师讲述黄花岗起义故事，感受英雄之气概。

在描述了起义者在激战中以身殉义后，教师发表自己的感受：他们不是逃避现实选择生，而是清醒负责地选择死。正如林觉民烈士曾说的"吾辈此举，事必败，身必死，然吾辈死事之日，距光复期必不远矣"。他们抱定以死救国的信念，以飞蛾扑火的决绝奔向羊城，相约用自己的头颅去撞击专制统治的铁门。他们正是鲁迅所说："真的猛士，敢于直面惨淡的人生，敢于正视淋漓的鲜血。"他们用自己的热血谱写了一曲真正的英雄之歌，理想之歌。诗人臧克家说，"有的人活着，他却死了，有的人死了，他却永远活着"。黄花岗烈士死了，却永远活着，活在中华民族的记忆之中，活在人类文明进步之中，活在我们心中。正如黄花岗七十二烈士墓志所写："浩气长存"。

小结：孙中山一生最大的愿望是建立民主共和国，实现祖国的独立统一、民主与富强。为此他们屡战屡败，又屡败屡战，终于建立了中华民国，结束了两千多年的封建帝制，开创了共和新纪元，体现了孙中山伟大的历史使命感，是一种历史的担当精神。

3.孙中山制宪，是成功还是失败？（革命者之大智建立新体制）

讲述孙中山领导建立了中华民国，颁布了《临时约法》，废除陋习、倡导文明生活的史实。体会"普天之下，莫非王土"的君权神授变成了人民主权，王权独尊、王权至上变成了权力制衡的历史巨变。

讲述袁世凯篡权、旧官僚投机革命、军阀割据、列强操纵中国的史实，理解辛亥革命没有改变中国半殖民地半封建社会的性质、革命失败的残酷现实。

4.孙中山的让位，是软弱还是担当？（革命者之大义放权实现统一）

介绍1912年中华民国建立之初的国内形势：各省纷纷独立与投机革命；列强到处发声企图干涉；边疆分裂势力也在蠢蠢欲动。清朝皇室愿意妥协保全自己，袁世凯手握重兵，愿意追随共和一统江山且得到列强支持，以张謇为代表的民族资产阶级为了和平稳定支持袁世凯掌权维护共和与统一。革命派由于形势发展有点措手不及，处于准备不足的窘境。

材料一："文前日抵沪，诸同志皆以组织临时政府之责相属。问其理由，盖以东南诸省久缺统一之机关，行动非常苦难，故以组织临时政府为生存之必要条件。文既审艰虞，义不容辞，只得暂担任。公方以旋转乾坤自任，即知亿兆属望，而目前之地位尚不能不引嫌自避；故文虽暂承乏，而虚位以待之心，终可大白于将来。望早定大计，以慰四万万人之渴望。"

——1911年12月30日孙文致袁世凯电

人物探究活动：在1912年，如果是你处在孙中山的位置，你会把革命党人苦心斗争得来的政权给袁世凯吗？为什么？（说出你的决策，并说明决策的依据，用史实检验决策的效果，从中得出一定的启示。）

小结：辛亥革命的伟大功绩在于推翻了统治中国两千多年的封建君

主专制制度。孙中山的伟大在于一是热爱祖国，献身祖国的崇高风范。为"切扶大厦之将倾"，推进民主革命四处奔走、大声疾呼。其有生之年虽然没有完成民族独立、人民解放的历史任务，但开创了完全意义上的近代民族民主革命，成为今天我们开创中华民族伟大复兴新局面的精神力量。二是天下为公、心系民众的博大情怀。他立心做大事而不是做大官，他关心民众疾苦，强调"国家之本，在于人民"。三是追求真理、与时俱进的优秀品质。他从一位社会改良主义者转变为坚定的民主革命者，并在中国共产党的帮助下，把旧三民主义发展成新三民主义，体现了他敢于突破局限、不断自我革新的可贵精神。四是坚韧不拔、百折不挠的奋斗精神。他为实现民族民主革命任务，屡败屡战，永不言弃。直至卧病临终还发出"革命尚未成功，同志仍需努力"的号召。

中国共产党领导全国人民英勇奋斗、不怕牺牲，完成了孙中山先生的未竟事业，取得新民主主义革命胜利，建立了中华人民共和国，确立了社会主义制度，取得了改革开放举世瞩目的成就。

本教案从三个方面来突出人物化的历史教学。

第一，选择人性化的课堂教学主题。

教学主题是一节课的中心思想，决定一节课的高度与格局。"从孙中山的选择看辛亥革命"一课，以伟大人物与历史巨变为主题，以孙中山的选择、孙中山进行辛亥革命、孙中山制宪、孙中山的让位等故事来构建辛亥革命中国转折的历史。通过分析孙中山在革命中面临的问题与抉择，引发人们思考社会发展的问题。本堂课不是为了介绍辛亥革命在中国历史中的地位，而是把侧重点定在情感态度价值观上。

第二，强调历史是人的历史。

历史不应该是所谓规律的无情注脚。"从孙中山的选择看辛亥革命"一课的教学，强调了孙中山的智慧与品格：选择革命指明方向（大明），屡败屡战不屈挠（大勇），临时约法引虎入笼（大智），舍弃权力促进统一（大义）。本课教学真正体现了历史课的本质，有深情的历史感、鲜明的现实感，让学生多体会历史人物的情感价值与策略智慧，实现历史人文教育的功能。这样的历史课不仅能让学生学到丰富的知识，更能丰富学生的生活，提高他们生活的质量与层次，促进学生能力发展，使其能从现实出发反思历史，从历史发展思考现实生活。

第三，设置人物抉择的问题，领悟历史智慧。

"从孙中山的选择看辛亥革命"一课，创设了孙中山的选择、孙中山进行辛亥革命、孙中山制宪、孙中山的让位四个问题探究与活动，这些问题层层深入，展示历史人物的智慧，实现历史课从感性到理性到灵性的过渡。

历史的发展，就是当时人物与时代互动的历史。以人说史构建历史教学，有利于学生辩证地看待历史人物情感、品格与智慧，培养学生正确的价值观，通过人物探索过程与因果关系分析，反映出历史发展的趋势与时代特征。

四、以人说史构建历史教学的注意事项

以人说史构建历史教学，还要处理好以下几对关系：

（一）处理好量的追求与质的关系

人物史料的运用，贪多贪大，就会浅尝辄止。由于教学探究活动太多，展开不够，学生就没有机会思考与说话，教学的效果不明显，反而冲淡了课堂教学的主题。

（二）处理好人物群像与人物具体形象的关系

开发利用人物群像有利于反映历史发展的大时代与大趋势，但容易因面面俱到而变成浮光掠影。在人物群像场景描述的背景下，对人物具体形象进行生动细致的描写，传递正能量的情感态度和价值观，在学生心中树立了具体鲜活的形象，中华民族的家国情怀就有了实在的依托。有利于学生形成正确的世界观、人生观与价值观。

（三）处理好学生围观情境与历史情境的关系

教师步步深入分析历史，用生动的故事讲述历史，但学生只是感到有趣而没有真正的感动。这是因为学生只是旁观者，无法参与其中进行有效的思考，没有交流的机会，所以没有形成切身体验与史学素养。

只有设计参与性的问题情境，提供了资源与解决问题的支架，把学生眼中的历史变成学生手中的历史，让学生参与其中，这种有过程活动平台，有方法的指导，最后才会有能力的提升和情感态度价值观的形成。所以说，情境的体验，不是看客的围观，而是参与其中。情境必须是问题解决式的、项目学习式的，让学生以现实或历史的身份参与其

中，解决现实或模拟历史的问题，如此才能提高学生活动的主动性，实现主体性与实践性，让学生真正掌握历史学习的过程与方法，实实在在地提高学习的能力，从而形成爱憎分明的情感、态度、价值观。

（四）处理好历史人物情境与学生现实生活情境的关系

教师极尽所能来渲染历史场景，音频和视频齐出动，历史人物有血有肉，生动具体，感觉一节课下来学生还是触动不大。这是因为我们的历史过于遥远，远离了学生的生活，历史人物情境必须与学生现实生活情境进行有机衔接。人物化的历史课程资源的开发运用，必须适量、具体，联系学生生活，让学生参与其中，由此才能产生深刻生动的感受，培育出家国情怀。

以人说史构建历史教学是历史学科的重要特征与要求。作为人文学科的历史教学需要分析，更需要叙事，历史叙事中最重要的就是人，最动人的就是人物情感。叙事离不开人，人既是叙事的主体，又是所叙故事的主体，所以在叙事过程中，我们可以以人物的探索过程及心路历程作为历史教学探究的线索，这样既能彰显人的主体作用，又能从人的角度来分析理解历史发展的原因与规律。

总之，以人说史，用人物生平故事来折射一定时代的价值取向，反映一定的时代特征，有利于学生理解历史、认同历史。以人物情境开展探究活动，有利于神入历史，生成历史情怀。

我们注意到，许多教师特别是初中教师喜欢让学生进行角色扮演，神入历史。角色扮演是一种情景模拟活动，通过模拟历史人物，把遥远的识记的东西变成自己的活动，变得触手可及的易于掌控的东西。角色扮演，有利有弊，利端是让学生以历史人物的身份出现在课堂上，从那个时代的实际出发，加以合理想象，作出历史行为与言论，有利于学生培养认识自我、理解他人的情感体会能力。弊端是容易形成为表演而演的形式主义；少数学生长篇大论，大多数学生当观众；无想象或空想戏说。在以人说史的活动中，角色扮演要慎重使用，并加强教师的引导。

第六节　开展情境体验教学激活资源

2017 年，国家重新修订并公布了新的中学课程标准，开展新一轮的课程改革，围绕立德树人的教育宗旨，提出了培养学生核心素养的概念。

借鉴经济合作与发展组织（Organization for Economic Co-operation and Development，简称经合组织OECD）的提法：核心素养的标准主要强调人要学会与工具、与他人、与机器、与职业工作打交道。核心素养就是在真实复杂的环境中解决复杂问题的综合品质，包括关键能力、必备品格、正确价值观。

核心素养的培育，必须有真实的、有价值的、有结构化、有任务的情境设置，置学生于真实复杂情境之中以培育学生解决复杂问题的综合品质。

教育心理学有一个"共情"的理念，即通过寻找具体生动的历史现象作为触情点，架通学生生活与历史的桥梁，让学生与历史人物同呼吸共命运，从而神入历史，产生对历史的温情，形成正确的历史想象，更好地理解历史。

共情的前提是创设情境促进体验。创设问题情境，进入历史人物的内心世界之中，与历史人物一起去思考，一起去解决问题。创设图片或视频情境，有利于学生心理进入历史现场之中，在对图片、视频的欣赏中描述历史，理解历史人物。创设角色扮演情境，模拟与历史人物一起实施某一历史活动，有利于学生以历史人物身份来理解历史、解释历史。

生活化历史课程资源的利用，是最有效的创设历史情境的方法，教学论中称之为体验式教学法。所谓体验式教学法，就是为学习者提供真实或模拟的情境与活动，根据学习者的个性和认知水平，让学习者通过个人或团体的参与方式来领悟知识，发展能力，从而构建健康的情感、态度、价值观的一种教学方法。

从教学内容来讲，体验式教学法主要适用于如下几个方面的内容：

一是重大历史事件的重大场面与特别生动的历史细节。重大事件的场景化与生动情节化，有利于学生形成清晰的具象，从而理解历史发展的大趋势。

二是历史的转折关头，历史人物处于必须做出重大决定的困难境地。这时，学生扮演历史人物，让学生回到富有挑战性的历史时刻，让历史人物"复活"，有利于学生理解当时人物心理与社会意识，解释历史人物的生活、信念和成就的问题。教学中让教师和学生模拟扮演不同的历史角色，会发出不同的声音，倾听这些不同的声音，是理解历史和解决问题的一种极好的方法。

三是科技文化课和当代史。科技文化本身就是历史的遗存，这就为体验式学习提供了广阔空间。比如，教师指导学生用蔡伦改进的造纸方法去造纸，和学生一起仿制古代生产工具，让学生在参与之中能更好地理解历史。至于当代史，让学生通过调查和访谈感受历史的变迁，也都是不错的学习方法。

开展情境体验教学可分为以下几种具体方法：

一、情境描述法

所谓情境描述，就是教师或学生通过生动的描述历史，展示细节化、具体化的史实，再现当时的历史环境，以便学生更好地理解与体会历史。

历史教学的重要任务之一是人性、人品、人格的教育，其目的不在于深奥的逻辑论证，而在于情感的激发，在于唤起强烈的情感体会，激发学生对真善美的赞美和向往，对假丑恶的憎恶和批判，从而形成良好的品质、陶冶高尚的情操。

人的心理活动就是一个求真向善创美的过程，感受事物越鲜活，情感共鸣就越强烈。

在生动描述的基础上，加以对比性的描述，对养成教育的效果更为理想。正与反、美与丑的斗争，形成鲜明强烈的对比，具有明显的弘扬美、谴责丑的作用，使正面人物正确的世界观、人生观、价值观、爱国主义思想，特别是他们真善的人性、高贵的品质、健全的人格自然而然地融入学生心里，作为文化精华被吸收，而反面人物腐朽的思想意识受到揭露和批判，能有效地塑造学生的心灵，实现历史课品格教育中弘扬真善美，鞭挞假丑恶的任务，达到陶冶学生人性、培养学生人品、铸造学生人格的目的。

如笔者讲述甲午战争中的"黄海大战"时，一边板书，一边描述黄海大战情景：

广大官兵，奋勇杀敌，邓世昌等，视死如归，壮烈殉国。

部分官僚，畏敌如虎，方伯谦等，贪生怕死，临阵脱逃。

以此加强学生的善善恶恶的情感教育，培养学生热爱祖国，为国奉献的精神和坚强不屈的人格，同时也是一次成功的真善美的品格教育。

如在讲到香港和澳门回归时，笔者用《鸦片战争》《七子之歌》与香港、澳门回归交接仪式的视频对比呈现，可以让学生产生一种扬眉吐气、洗雪耻辱的自豪感。

二、作品与文物的赏析法

历史是鲜活而有生命的，但是曾经鲜活的事件、人物、制度、艺术转化为文字、文物载于史册以后就凝固了。它有待于我们从现存的资源中去发现、去感知，使之活化为可以触摸、可以感知、可以聆听、可以继承、可以实践、可以畅想、可以创造的活生生的素材，从中获得人类把握未来的智慧与灵感。作品与文物的赏析法主要针对文艺作品及科技成果、文化遗产等内容来进行。

（一）教案一：文艺复兴和宗教改革——人性的复苏

笔者设置了几个"精读文艺作品，品味人性至美"作品赏析活动。

1.聆听《十日谈》。

笔者把教学参考书中《一对父子的故事》改编为《女人是老虎》的歌曲播放给学生欣赏。歌词大意："小和尚下山化斋，老和尚有交代，山下的女人是老虎，见到了千万要躲开，走了一村又一寨，小和尚暗思揣，为什么老虎不吃人，模样还挺可爱……这样的老虎最呀最厉害，小和尚吓得赶紧跑……师傅呀！老虎已闯进我的心里来。"

在学生欣赏完这一首歌曲后，笔者稍加引导，让学生明白，追求爱情、追求美丽与幸福生活的天性，是任何桎梏都无法扼杀的。人文主义反对伪善，顺从人欲，追求现实生活的思想自然形成。

2.观赏米开朗琪罗的雕塑作品《大卫》——人比神灵有力量（略）。

3.看拉斐尔的油画作品《西斯廷圣母》——享受人间母爱（略）。

4.破译《达·芬奇的密码》——领悟人的智慧（略）。

5.解读莎士比亚作品——体会人性至美。

首先，引导学生齐声诵读《哈姆雷特》："人类是一件多么了不起的杰作！多么高贵的理性！多么伟大的力量！多么优美的仪表！多么文雅的举动！在行为上多么像一个天使！在智慧上多么像一个天神！宇宙的精华！万物的灵长！"其次，让学生在高声诵读中体会人的伟大，人性至美。最后，教师引导学生从以下角度总结人文主义内涵。

人文主义思想以什么为中心？肯定什么样的价值与尊严？追求什么样的精神与物质？靠什么去实现目标？

通过对作品的赏析，加上教师适当的方法指导，学生能具体生动地感知作品，认识文艺复兴的人文主义，教学主题自然而然昭然若揭了。最终实现了本课的教学目标：强化学生对人文主义的认同感，养成反对神权、追求人性的价值观。

三、模拟操作法

一次炼课的思考：2016年秋季期，笔者带领本工作室成员进行一次集体炼课活动，课题是"辛亥革命产生的原因"，为了示范带动全体成员，笔者讲课，结果几经磨炼，过程曲折。

第一次实践与反思。笔者从民族危机到清政府卖国，从资本主义发展到资产阶级壮大，再到清政府的腐败，从直接原因到根本原因，从正面到反面，从统治者到人民群众，从历史主义到阶级分析，从必然到偶然，逐步拓展又步步深入。笔者以为一定能打动学生，但学生并不买账。原来，这只是专家的历史，是课文的知识逻辑，与学生生活无关。笔者加大分析力度，扩大问题的宽度，提升问题的高度，挖掘问题的深度，结果老师赢得了学生的敬意。

第二次实践与反思。笔者收集呈现了大量生动的历史细节，使之变成了学生眼中的历史，学生只是感到有趣而已，并没有形成切身体验与史学素养。

第三次实践与反思。笔者设计了参与性的问题情境，又提供了资源与解决问题的支架，把学生眼中的历史变成学生手中的历史，使学生能参与其中，有过程活动平台，有方法的指导，让学生形成正确的情感态度与价值观。

三历其事后，笔者豁然开朗，情境的体验，不是看客的围观，而是参与其中。情境必须是问题解决式的、项目学习式的，让学生以现实或历史的身份参与其中，解决现实或模拟历史的问题，如此才能提高学生学习的主动性，实现主体性与实践性，让学生真正经历了历史学习的过程与方法，实实在在提高学习的能力。

笔者决定采用模拟操作法来实现生活化历史课程资源效用的最大化。教学强调体验，体验的来源最直接、最强烈的是操作实践与观察活动，强调学生主动参与。不仅要用自己的脑子去思考、用自己的眼睛去看、用自己的耳朵去听、用自己的嘴巴去说话，还要用自己的手去操作，即用自己的身体去亲自经历、用自己的心灵去亲自感受。

模拟操作法主要适用于物质与技术性经济史科技史知识方面的教学，在讲授农耕时代的水利工程、农耕时代的手工业、农耕时代的商业与城市、近代的工业革命等方面的课程，使用模拟操作法的效果尤为明显。

以下是笔者采用模拟操作法开发利用课程资源，培养学生智慧与情感的教案。

高中《历史·必修2》（岳麓版）第1课"细耕细作农业生产体系的形成"，分为五个环节进行。

第一环节：通读全文内容，选择典型成果。

指导学生预习课文，了解本节知识的四个方面，即农业起源、农业工具的改进、水利设施的完善、耕作方式的进步。根据当地学生身边的资源、学生的兴趣、现实的热点、西南省区的学生学情，笔者选择都江堰这一古代文明成果和世界文化遗产作为操作体会的典型。

第二环节：查找有关都江堰的图文资料。

组织学生分工上网搜索、查阅图书、实地参观或参观博物馆，访谈水利工作者或看过都江堰的亲朋师友等，获取有关都江堰的文献资料、实物资料、口碑资料等，深入了解都江堰的用途、形状和修筑原理与工作程序，特别要了解都江堰的位置、地形地貌，鱼嘴的无坝分水与玛槎的工作机制，飞沙堰泄洪、排沙和调水的细节过程，宝瓶口引水灌溉的过程细节，这些都为制作模型提供了必要的知识和科学依据。根据资料画出都江堰的历史想象图或示意图，并制作多媒体课件为展示做准备，用各种易黏合又易拆分的材料进行都江堰的预制作活动。选好课堂展示的讲解员、制作操作员以及帮助其他同学操作的指导员。收集都江堰背后的人物与故事，为感悟历史品质与规律做准备。

第三环节：制作都江堰模型，演示都江堰工作原理。

各组同学把自己制作好的都江堰示意图与模型带到教室，并当场拆装或指导其他同学进行操作演练，解说都江堰工作原理、都江堰的用途与意义。让学生从中学到有关系统工程学、流体力学、离心力作用等科学知识，深刻体会祖先的艰辛与智慧，形成民族自豪感，形成科学素养与科学探究精神。

第四环节：深入挖掘都江堰背后的历史意义与文化内涵。

在各组同学观赏与操作了都江堰模型的基础上，教师引导同学用因果推论、讨论交流等方法开发与都江堰有关的课程资源，形成规律性的认识。围绕以下几个问题进行：一是从主观条件与客观条件上分析都江堰这一伟大工程修筑的原因？说明当时哪些方面的历史进步？可涉及人与自然的哲学、天文学、流体力学知识进步，农业发展，秦国强大，李冰父子为官品质等。二是都江堰及附近有哪些文物、胜地？流传着哪些传说与故事？如二王庙、李冰殉职的故事等。三是从军粮、人口与税收方面看都江堰与秦国强大统一的关系？四是通过对以上三个问题的思考，可得出科技进步是水利兴利的重要手段，科技是第一生产力；水利是农业的命脉，是国民经济和社会持续稳定发展的重要基础和保障；为官一任就要造福一方；人与自然可持续发展等启示。得出这些启示有利于学生形成理性的认识和正能量的情感态度价值观。

第五环节：都江堰今天的作用与申报世界文化遗产成功的原因分析。

首先，教师展示《保护世界文化和自然遗产公约》规定，让学生了解申报世界文化遗产的条件。其次，学生根据活动探究的知识对照条件提出都江堰申报报告，可从创新性的天才杰作（鱼嘴无坝自动分洪、飞沙堰自动泄洪排沙调水、宝瓶口调水灌溉等表明当时有关系统工程学、流体力学、离心力作用等方面的科学知识达到相当高的水平，更表明战国时期祖先的智慧）、广泛而深远的意义（防洪灌溉造就了天府之国的川西平原，促进秦国的强大与统一，不破坏生态环境而有利于可持续发展，都江堰是全世界亚热带山地生物多样性保护最完整的地区）、遗产保护的真实性与完整性（全世界至今为止年代最久、唯一留存、以无坝引水为特征的宏大水利工程，至今仍发挥巨大效益）、文化内涵（有关李冰父子的传说、一些文人墨客对都江堰的文章等体现出的人与自然和谐关系，李冰父子以民为本、为国为民的品质，开拓创新、利用自然的智慧与勇气）、当地政府与人民保护热情与措施等方面提出有力的申请报告。以此培养学生归纳分析问题的能力，并增强为国家服务的责任心与民族自豪感。再次，教师展示世界遗产委员会对青城山和都江堰的评价及同意将其定为世界文化遗产的决议文件，"建于公元前三世纪，位于四川成都平原西部的岷江上的都江堰，是中国战国时期秦国蜀郡太守李冰及其子率众修建的一座大型水利工程，是全世界至今为止年代最久、唯一留存、以无坝引水为特征的宏大水利工程。2200多年来，至今仍发挥巨大效益，李冰治水，功在当代，利在千秋，不愧为文明世界的伟大杰作，造福人民的伟大水利工程"。让学生完善自己的思维，拓宽自己的视野。最后，就都江堰今后的保护与开发问题提出合理化建议。如修缮维护和开发旅游活动、保护文物等。

　　本教案属于物质与技术性经济史知识教学方面，让学生在实践操作中形成最直接、最强烈的体验，不仅听说了，看过了，还亲手做过了，自然就理解了，并养成科学的工作与生活态度。

　　模拟操作法，总结了笔者20多年亲身参与的教育体会，也吸收了众多教师的成功经验。运用新课程改革的新理念特别是情境教育理论，从"活动探究"学习与"形象体验"学习两个过程综合起来建构的，包括感知、理性、体验三个学习层面。这种教学模式特别注重实物与图片音像史料的搜集运用，强调在遗物中发现历史，运用体验性学习这一方式教学从感性认知出发，逐步扩展到理性范畴，上升到情感领域，这样的学习过程不仅仅是知识增长的过程，同时也是身心和人格发展与健全的过程。学习不仅仅要用脑子思考，而且要用自己的身体去经历，用自己的心灵去感悟。

模拟操作法的核心在于操作活动，课堂教学遵循"操作—观察—体验"的程序来进行，从有形到无形，从肢体到心理，推动学生的认识，实现从感性到理性再到情感的提升。

　　运用模拟操作法的五个环节并非按部就班或缺一不可，可据各年级各班学生自主学习能力的强弱，知识储备的多少而对程序有所增删，如对高年级学生讲课教师也可直接从课堂操作开始进行指导，直接进入体验活动。

　　使用"操作—观察—体验"程序必须注意以下问题：

　　一是选择好实践体验的切入点。根据学生在学习中的兴趣与疑问，再结合身边的学习资源情况，如留存的历史实物等，选择一两个实物性的经济成果作为学生实践体验的切入点，使探究点贴近学生生活，激发学生探究问题的动力。

　　二是了解学生要了解哪些问题，并引导学生扩展与深化问题，确定主题。很多学生对曲辕犁、都江堰、坎儿井等历史文明遗存都感兴趣，但仅停留在好奇层面，不知道要深入了解哪些方面的知识，提不出要探讨的问题，更无法确定探究的主题。这必然使操作体验活动流于形式与表面，谈不出什么让人铭记在心，受用终生的知识与道理来。所以必须引导学生针对探究点提出问题，形成问题群与问题梯度，确定主题作为活动的中心。

　　三是课前要多渠道多形式开发活动的课程资源。课程资料包括文献资料、实物资料、口碑资料等，途径有上网、阅读、参观、听课、访谈等，城市的学生要充分利用博物馆这一教学资源，通过参观博物馆中大量的实物、图片、影视片、模型，实现时空置换，产生感性认识，加深对教材的理解。农村的学生最好能参观原始的历史遗存或找到与历史遗物相似的今天还在使用的物品，便于解剖操作。要求了解历史物品的名称、用途、形状和制造原理与程序，为制作模型提供必要的科学依据。

　　四是课堂操作活动，重在实践体验。教师通过生动的情景复现进行教学，学生通过亲自实践或观赏生动具体情境来感悟历史、增长知识、发展能力，体验历史的情感与智慧。教师可根据学生实际情况采取多种多样的教学方式，切忌千篇一律造成学生兴趣疲劳。除了课堂上亲手制作历史模型外，也可以通过多媒体技术制作的演示文稿、网页或动画展示自己的活动成果，还可以画真实图、想象图或示意图等来生动再现历史，甚至可以指导同学来操作自己的作品，使学生产生直观生动的认识和真切的历史体验。

五是理性提升环节重在挖掘实物背后的历史智慧。教学方法上应灵活多样，以下几种较为适用，可资借鉴。第一，拓展资源法。适当引用神话传说、文学作品、民间俗语与谜语等资料，拓宽学生对经济史特别是对经济物质技术成就方面的认识，为物质技术知识向科学素养与思想情感方面的升华提供了自然的过渡。第二，以果推因的反溯法。通过分析历史实物出现的经济、政治等方面原因，思考当时方方面面的历史情况。第三，设置问题群组进行探究的交流归纳法。即设计逐步推进、具有启发性的问题，引导学生进行交流讨论，然后归纳出本质规律，感悟出历史情感态度与价值观。第四，比较归纳法。把世界各地或当地的相关问题进行纵横比较，综合归纳，形成规律性的认识、理性的态度与情感价值观，理清历史发展的趋势与规律。

六是联系现实，运用历史。联系现实运用历史，重在精神领域形成正确的情感态度价值观，借助历史智慧，为解决现实问题提供思维与视角方面的借鉴，并非真的搬用历史来直接解决现实中的新问题。方法也是多样化的，第一，模拟社会活动法。选择与历史相关的社会热点问题，开展虚拟的主题活动，推动学生进行参观、调查、查阅资料等实实在在的研究工作与社会实践，通过这些实践活动，提出解决社会问题的对策与建议。第二，交流感受法。同学们把操作的体验感受与问题分析中形成的态度价值观说出来，互相评价与补充，形成正确的生活态度。

运用历史时，为防止生搬硬套，必须注意以下几个问题：寻找历史与现实的结合点作为具体的切入点，架起历史与现实联系的桥梁。把历史规律、经验教训转化为具体的事例而不是抽象的道理与思路。抓住稍纵即逝的灵感作为教育资源，如学生有创见的心得体会，另类的观点等都能引发同学们对历史与现实进行新的理解。

第七节　运用生活化课程资源的几个抓手

运用生活化课程资源优化历史教学必须注意以下问题：

一、抓主题

针对性地寻找历史与现实紧密联系的话题，作为课内生成生活化历史课程资源的主题（又称制高点和基本问题）。历史学习与探究的最终目标不是获得历史知识，也不是提高历史问题的分析能力，而是为学生生活提高提供历史的启示与精神动力。我们要把一节历史课的教材主题与教学主题区别开来，它们分别是历史内容与历史课堂生活的中心，只有变成生活的中心才能对学生生活起真正的作用。有了教学主题我们就敢大胆压缩知识讲解的时间，并把探究问题与时间投放到历史与现实的关联上来，开发生活化的问题进行探究与体验。

教学主题包括两种：一是挖掘有历史渊源的生活话题。从生活中捕捉一些与历史教学内容密切相关的社会生活现象、情境或问题，设计一些来源于生活，又与历史相联系的话题。二是挖掘生活化的历史课程。根据教科书内容，联系生活挖掘历史题材，提炼探讨的话题，在每一节课中找到与现实最为密切、有现实意义的历史话题作为切入点，进行有益的课程资源开发，步步深入，引领学生进入历史思维的新境界。

二、抓中介

从现实到历史再到现实的联系方法，要真正实现学习的螺旋式提升，必须有从历史回到现实的中介，这个中介就是把历史经验教训、历史智慧细化为针对现实生活的、具体明确的方法，而不是过于抽象的大道理，这样才能真正给现实的经济生活提供指导。在教师的指导下，学生模拟历史情境、体验历史就显得非常重要。学生在制作物品，观察遗物，扮演历史人物等活动中，通过探究历史，获得体验，懂得历史上相关问题是怎样出现的，怎样才能解决现实中的类似问题，真正理解历史人物及其对策的功过得失，得出明确的历史智慧与哲理。这是能实现历史再转向现实的关键。辐射法实施的关键是通俗理解并科学分类课文的思想观点，把它作为辐射到现实的知识生长点。这是一个学生与历史对话的桥梁，实现学生与历史情感、思想、灵魂上的碰撞与沟通。

三、抓实效

如何保证学生生成的生活化知识的有效性与教育性，是开发农村生活化课程资源、实施生活化历史教育必须解决的问题。学生由于其知识能力有限，经验不足，所以学习的兴趣需要调动，知识生成需要激活，即孔子所说的"启发式教学"，苏格拉底的"产婆术"。笔者以对儒学观点的通俗理解作为切入点，拉近儒学观点与现实的距离，使学生受到刺激而联想到现实中相似的知识与现象。学生的经验影响了其思考想象的视野，学生历史知识的生成，缺乏广度与深度，所以在教学中要不断转变启发问题的角度，从政治到处世，从经济到生活，从语言到实物，不断扩大学生的视野，从而进一步提升课程资源的深度和广度。民间存在的知识良莠不分，原汁原味地进入学生头脑，必然对思想未成熟的中学生造成不良影响。要甄别历史对现实辐射作用的性质，就要结合现实及学生思维水平，批判生活化历史知识中的消极部分，防止谬论流传。所以教师应及时给予点拨，对民间历史知识进行加工处理，体现了教育性和理性化原则。

第五章　生活化历史课程资源开发利用的原则与社会机制

第一节　生活化历史课程资源开发利用的原则

原则规范着人们的行为，是正确行动的根据、尺度和准则。生活化历史课程资源的开发与利用不是随意进行的，同样需要一定的原则来规范。基于生活化历史课程资源的基本特点，笔者认为，开发与利用生活化历史课程资源的活动应遵循如下原则：

一、来源可靠性——求真

教育是一项以真实为底线的系统工程。学者曹永鸣认为："课堂是生活，是教师、学生无法躲藏和回避的生活。它的第一要义是真实，第二要义是真实，第三要义还是真实。"

历史学科是以真实为生命线的学科，历史课程资源必须是真实的存在或真实的社会背景，历史解释也必须是接近历史真实的历史知识。

生活化课程资源或附载于一些老旧物品之上，或在口耳相传的神故事与传说之中，或记载于各宗族的家史与族谱里面，多以百姓的语言与行动来传承，带有很强的感情色彩与主观动机，难免有隐晦、误传或夸大成分。生活的第一要义是真实，生活化历史课程资源必须求真，要对生活化的史料进行可靠性的鉴别。

首先，坚持传统的治史美德，端正我们的学史治史态度。正能量的历史，既不能锦上添花，画蛇添足，也不要过度吹捧与附会，如许多历史教师在上"辛亥革命"一课时，喜欢把中山装三个袖扣、四个口袋、五个衣扣说成富有政治意义的三民主义、礼义廉耻、五权宪法，中山装在设计时到底有没有这么多政治含义实际上是并无确证的，所幸今天越来越多教师已认清这一问题，不再人云亦云了。

其次，在联系互证中求真。在开发利用生活化历史课程资源时，必须要联系国家乃至世界历史的大背景，检视身边生活化历史资源的合理性与真实性，可以用文字、实物、口碑材料相互对比检查生活化历史材料的可信度。以"古代中国的商业经济"教学为例，老师们喜欢引用《木兰辞》中的诗句："东市买骏马，西市买鞍鞯，南市买辔头，北市买长鞭。"以此作为生动具体的生活化历史课程资源，旨在引导学生理解宋朝以前的骏马、鞍鞯、辔头、长鞭分别在东市、西市、南市、北市才能买到，各种商品都有固定的场所，说明当时商业受到政府的严格控制。但从时代背景看，魏晋南北朝商品经济还未发展到小商品专业化市场的程度，从逻辑上看也说不过去，鞍鞯、辔头、长鞭都与马的行头有关，却要分别在东市、西市、南市、北市才能买到，根本不符合史实，这只不过是文学上的"互文"修辞手法，意在突出木兰当时的急迫心情。

最后，资源呈现必须过程严密、周全、科学，防止对经典名人名句的误读。材料要尽可能出自原典，防止转载过程中的变形变意。材料本身要有典型性，防止以偏概全。材料的全文要通读，防止断章取义。讲历史要讲出某一历史史实相关材料发现与解读过程，揭开历史的神秘面纱。如讲授中华文明的起源，就可从神话传说、古代典籍、考古遗址的发现入手，通过对中华文明的解读及变化过程来引导学生，找到中华文明源远流长的历史真相，让学生对中华民族的悠久历史有更深刻的认识，激发学生强烈的民族自豪感。

二、作用正能量——求善

教育的主要任务不仅是知识传授，更是价值引领。课程资源必须有教育价值，即正能量。中学教学的历史不能等同于原生状态下的历史，也不同于大学教授面对的所谓历史，它属于被主流观点认同和被赋予典型教育价值意义的历史。

《高中历史新课程标准》提出五大核心素养，特别要以历史解释为中心，以滋养学生成长的家国情怀培育为宗旨，其导向性十分明确。历史有关家国情怀的核心素养就是要把学生培养成身心健康的人、融入社会的人、对国家有贡献的人、具有正确国际意识的人，而不是自私邪恶的极端民族主义者。那些来源真实且具有典型教育意义的历史资源是培养核心素养的营养液。开发利用生活化历史课程资源，必须用正确思想方法导向和价值取向来保证历史教学的教育意义。

虽然生活化历史课程资源具有土、特、奇、趣等特点，对于本地学生有极大的感染力，但是身边的生活化历史课程资源又良莠不齐。有些传统文化还隐含封建迷信等落后因素，因此，对生活中的历史课程资源要加以提炼才能作为课程内容搬进课程。

著名的历史教育研究者，《中学历史教学参考》杂志主编任鹏杰强烈呼吁，要注意史料教学中课程资源开发利用所隐含的价值风险。教育源于生活，又高于生活，指导生活化历史课程资源开发利用时，要用价值观作为灵魂牵引学生，既据于事实，据于逻辑，又据于价值进行善恶、美丑、对错的判断。借鉴古人的生活是为了塑造学生的健全的人格，培养正确的思想。要追求知识造福于人民，避免用知识造祸于人类。

利用历史课堂助纣为虐，必然会把历史变成造祸人类的工具。看看希特勒的回忆录，我们就会理解恶魔是怎样诞生的了。

我有幸得到了一位懂得很少人懂得的……去芜存精的原则的历史教员，这对我后来的生涯也许起了决定性的作用……在中学我的教师利奥波德·波伊契博士的身上，这个条件得到了真正理想的满足。他是个温和但是严格的长者，不仅能够以其滔滔不绝的口才吸引我们的注意，而且也能够使我们听得出神。即使到今天，我还怀着真正的感情怀念这位头发斑白的人，他的激烈言词有时能使我们忘记现在，好像变魔术一般把我们带到了过去的时代，穿过重重的时间之雾，使枯燥的历史事实变成生动的现实生活。我们坐在那里，心里常常燃烧着热情，有时甚至感动得落泪……他利用我们萌芽状态的民族热情作为教育我们的手段，常常唤醒我们的民族荣誉感。这位教员使历史成了我最喜爱的课目。[①]

正因为中学历史教师利奥波德·波伊契博士极端的民族主义思想、偏激的言论，在处理历史内容生活化时没有筛选材料，助长了德国社会存在的民族扩张与复仇主义，对希特勒的纳粹思想形成起到了助纣为虐的作用。

历史课堂不仅关乎真相，更关乎道德。生活化历史课程资源的运用必须宣传正能量，让学生养成正确的情感态度和价值观。

笔者在高中《历史·必修2》（人教版）第16课"抗日战争"这一课

关注身边生活　演绎精彩历史

① 威廉·夏伊勒：《第三帝国的兴亡》，董乐山等译，世界知识出版社，1996，第47页。

的教学活动中，选择一个人性化的话题作为教学主题："烽火青年，热血青春。"呈现了几段人物故事与人物活动场景作为历史课程资源：一是朗读"中央航空学校"（抗战时期中国唯一的空军学校）的校训，"我们的身体、飞机和炸弹，当与敌人兵舰阵地同归于尽"。二是描绘飞行员战斗故事：陈怀民完全有机会跳伞求生，但他选择了与邓世昌勇撞吉野号一样的壮举！他忍着剧痛加大油门，朝着敌机狠狠地撞了上去……敌机的飞行员做梦也没想到，中国的飞行员会杀身成仁。顷刻间，两架飞机在空中相撞爆炸，黑烟红火，弥漫空中。这些爱国英雄的故事与活动场景，让学生触景生情，以情明理，情理交融。有利于学生理解历史人物的抉择与斗争，产生感动与激动之情，激发爱国热情，家国情怀教育真正入心入脑。整节课以合乎道德的正面资料，培育学生正确的人生观与价值观。

三、现象典型性——求义

求义，求的是什么义呢？广西师范大学唐凌教授特别强调的是"以小历史反映大历史"。课堂教学时间有限，开发利用的课外生活化课程资源必须精选出典型有代表性的资源，围绕教学目标，针对教学的重点难点，有利于揭示历史教学内容主题，有助于学生更好地理解核心概念、历史趋势。生活化历史课程资源开发利用的一个重要原则是把生活小情节汇入历史大潮流之中。如何汇入？它必须遵循一个共同的思想或灵魂。这一灵魂不仅基于课程目标、文本内容，更要基于历史教学逻辑，包括历史本身逻辑、教材编写逻辑。还要通过教师设计逻辑，变成学生学习的逻辑。选择好一个独特而高远的课堂教学主题作为教学灵魂，使形散的生活化资源神聚于历史教学主题之中。

（一）以问题的高度来统揽资源的广度

开发利用生活化历史课程资源有利于活化历史，趣化历史，但过分堆砌资源而没有挖掘内涵，提升价值，就会变成庸俗化的历史。生活化历史课程资源开发利用虽然贴近学生，贴近生活，贴近现实，很接地气，但是立地还必须顶天，即用高远的立意来统帅这些资源才有意义。所以，利用生活化历史课程资源的前提是关注时势，把脉时代精神，形成正确的价值立意的问题。如"第二次工业革命主要帝国主义国家"一课，教材中心是"帝国主义发展不平衡及其原因"，而教学主题则要联系今天改革开放的现实生活，弘扬创新与进取精神。围绕创新与进取精神去挖掘有关的具体资源，说明本课的教学主题，实现培养学生创新进取意识的教学立意，就是本课资源开发利用之大义。

（二）以教材重难点为中心挖掘呈现生活化历史课程资源

生活化历史课程资源开发利用要处理好身边生活化资源与教材的关系，中学教材叙述的历史只是众多历史解释中的一种，所以要开发生活化历史资源来丰富与完善课堂。教材是教学的依据，学生学科素养发展的"食材"，是"母乳"。生活化历史资源是课堂的"杂粮"，是调味的"鸡精"，过犹不及。生活化历史资源的选取利用必须为一堂课的重难点及其"核心主题"服务。

开发学生本身的课程资源时，强调学生独特见解，但不能忽视对文本的基本尊重。联系实际不能脱离了课文，鼓励学生多元理解，必须尊重课文共通见解。

确立教材为主，课外为辅的原则，补充课外资源充实教材资源。生活化历史课程资源的开发利用，目的在于让教材知识回到当时的知识背景中，把教材知识与现实生活联结起来，将教材知识运用于练习实践中，让知识更好地同化为学生的认知，培养为学科必备的品格与关键能力。

（三）处理好乡与国、近与远对立统一关系

生活化历史课程资源开发是为了添补国家历史课程资源涉及不到的空间而提出的，它在性质与功能、内容与形式上具有显著的独特性，不能在学习通史时机械地套入地方史内容，把地方史知识变成了对全国历史的单纯的注释。开发地方生活化历史课程资源，就是要把地方有特色的课程资源整合起来，办出有特色的历史教育，培养出当地学生的历史特长。生活化历史课程资源是国家历史课程资源的有机组成部分，地方生活化历史课程资源开发活动，无论其独特性如何显著，都必须与国家教育方针及国家课程目标保持一致，这是地方课程资源开发的根本价值取向之所在。

乡土与国家两者统一的关键是找到国家课程资源与生活化历史课程资源的最佳结合点，既不能互相否定，又不能盲目照搬。在开发过程中，不能脱离国家民族发展的总体大背景，过分强调"本地"以致形成自我封闭的、狭隘的地方自大意识。生活化历史课程资源开发的目的并不仅仅是增强本地学生的自豪感，更重要的是认清家乡的特色、优势与局限。在立足地方的同时，又面向世界，把地方生活化的历史现象放到全国乃至全世界历史发展的大视野里来观察，这既有利于更好地理解地方，也有利于更好地了解世界，形成立足本土、走向世界的大格局、大视野。引导学生把地方特色与全国共性结合起来，认清地方对全国的影响与贡献，全国对地方发展的决定作用。在挖掘本土文化资源培养民族精神的同时，利用国际上一切进步思想与文化成果把学习视野由地方扩展到全国、全球，形成全民族共同心态与历史认同感，培养具有民族精神与国际意识的现代公民。

（四）把乡土性与教育性结合起来

生活化历史课程资源开发利用不能仅停留在比较肤浅的层次上。如果只拍摄下一些有关当地生产生活的或自然景观的照片、抄写了一些反映地方的情况的文字记录、背诵了一些民歌民谣等，未能从这些资源相关的情境中发掘其内涵，就只不过是拓宽了"跑道"，而没有修整"路面"，对学生学习这一"跑步"运动，未能起到保护和加速作用，相反，零乱的路面反而有绊倒学生的危险。确保课程资源开发高度性可从以下几方面着手：第一，把握生活化历史课程资源开发利用的教育方向，按教育学的育人性和发展性标准，进行认真的筛选工作，去粗取精，去伪存真。第二，把生活化历史课程资源开发利用融入宽阔的历史社会视野中，置身历史发展的长时段、宽视野来定位相关资源运用的方法，对比本地相关的，或其他地区同类的现象，发现其共性，挖掘普遍性，形成规律性的认识。第三，采用由浅入深、由表及里的策略，透过乡土文化多姿多彩的现象，了解其背后的故事、传说等文化内涵，领悟其文化精神，使资源开发由乡土现象向乡土知识再向乡土精神深入发展。第四，以时代精神和全球化视角重新审视生活化历史课程资源，发现地方文化的现实价值，使之成为进一步发展地方文化的促进力。有效的方法是引导学生关注现实，放眼未来：通过历史的视野去观察今天家乡巨变的现状，思索引起巨变的原因，展望家乡的明天。使他们不仅更热爱故土，而且还能认清家乡发展大方向，为家乡发展献计献策。第五，总结开发研究的成果，编写成有条理的、有说明注解的、图文并茂的乡土历史文化校本课程，实现其教育的延续性。

四、目标长远性——求智

生活化历史课程资源开发利用不能仅提出某段历史中本地名人事迹与课文内容相符，更不能仅充当课文的引子而没有从材料的细节中提炼出历史智慧来。生活化历史课程资源开发利用必须有利于提高学生的智力，培养历史智慧。在资源开发利用中如何引发思考至关重要，要能追问、反问、转问引导学生进行探究，提示思维，形成规律性的认识。以具体事件从不同角度反映历史问题，形成本质的规律性的认识。

生活化历史课程资源开发利用的目的，主要是培养学生自主地合作开发地方生活化历史课程资源，感悟家乡传统文化的能力，把开发历史课程资源与培养学生自主探究学习的习惯结合起来。正如《学会生存——世界教育的今天和明天》一书所指出的那样，未来的学校教育必须使学习者成为"他所获得的知识的最高主人，而不是消极的知识接受者"，"必须把教育的对象变成自己教育自己的主体。教育的人必须成为教育他自己的人；别人的教育必须成为这个人自己的教育"[1]。在以具体形象、生动活泼、亲自参与为特征的地方生活化历史课程资源面前，教师提供的知识不管质量多高，也代替不了学生参与的体验与感悟。面对丰富的课程资源，学生将面临如何获取信息，如何筛选信息，如何从这些信息中归纳出正确的认识等问题。这些问题的解决过程就是信息处理能力的形成和强化过程。因此在开发生活化历史课程资源的教学中，教师不是重在开发资源的多少，而是重在开发资源的过程，体会出一些心得、经验与精神，并把这些上升为大家可借鉴的原则与方法，培养学生分工协作，与他人合作的精神。特别是让学生在活动过程中，掌握一些搜集整理历史资料，探究历史问题的方法与技巧；提高搜集资料、分析历史问题的能力，从中领悟家乡的文化所蕴含的丰富的伦理道德、价值观念，形成爱家爱乡的情感与建设家乡的责任心与自信心，实现自我的品德教育。

---

① 联合国教科文组织编《学会生存——世界教育的今天和明天》，教育科学出版社，1996，第200页。

发挥学生的主体作用，自主探究地开发生活化历史课程资源。教师在指导学生开发生活化历史课程资源的活动中，不能简单地布置任务了事，教师要把价值导向与自主建构统一起来，进行蕴含教育目标与方向的引导活动。即在活动的组织、活动主题的确立与分解、资料收集的方法与途径、资料整合的思路等方面给予提示，并对活动及时进行点评，引导学生转换视角，促进学生总结反思，形成全面的认识。不断把开发地方生活化历史课程资源活动引向应有的广度与高度，提高学生开发课程资源，探究学习的能力。

求智必须要有项目学习平台。以项目学习提高学生学习能力。学习需要一个平台，使历史探究变成可操作的切实可行的活动。

从活动平台看，学生应以一定的项目作为依托，教学上称为抓手。如让学生扮演历史角色，或为某地红色旅游撰写宣传主题词、关键词，或写即时新闻播报等，多种多样的项目可根据不同内容、不同学生、不同条件灵活使用。如南宁市一位特级教师在"甲午中日战争"一课教学中，设计了一个学习项目，让学生以主和派、主战派等身份给皇帝写奏折，该项目使每个学生都明确自己参与活动的身份，即扮演当时的主和派或主战派或爱国知识分子，都明确活动对象即为皇帝献策，明确活动目标即甲午中日战争对策问题，都进入相关背景即19世纪末中日战争及国内外形势，都要创造产品即撰写有关甲午中日战争对策的奏折。让每个学生都能从不同角度去阅读资料，研究对策，分析综合，行文表达，使学生进行了实实在在的亲历历史的训练，把本节课教学推向了高潮。

应当注意的是，学生活动项目不能太多太繁，从竞赛知识至体验历史，到探究问题到畅想古今，从背景到过程到影响都搞探究活动，缺乏时间和空间上的保证。不如减少一些项目，把时间和空间腾出来给学生体验历史生成问题及探讨问题。

从活动铺垫看，问题需要准备丰富的情景材料作为铺垫。资料来源可以多样化，学生时间不足，不能亲自收集资料，也可让教师呈现资料，让学生阅读史料，从中得出结论，从而培养学生阅读史料、分析历史问题的能力。开发利用一些奇特矛盾的生活现象作为课程资源，易于引发学生认知冲突，推动学生的疑问与思考，形成探究学习的意境，成为启动创新思维的动力。这些生活化的历史课程资源为学生提出假设、验证假设提供丰富的资料，使学生能摆脱对教师与教材的依赖，真正自主探究学习。

从教师指导来看，学生自主探究活动必须有明确帮助支架，以监督有效的组织形式为保障：如小组合作，应有分工、有记录、有检查、有评价，教师也应对每一节教学过程有课后记录、有反思、有修改，使教学活动落到实效，持续改进。在"从计划经济到市场经济"一课教学中为保证"为南宁经济发展出谋划策"的自主探究项目顺利进行，笔者为学生提供了以下帮助支架。

（一）指导学生确定了探究步骤

首先，回顾本节学习内容，归纳改革开放经验教训。其次，查找南宁农村与城市经济存在的问题。最后，借鉴历史，提出对策。

（二）提示学生一些思路

引导学生从市场、体制、科技等角度为南宁农业发展提出对策，引导学生从发展科技、调整产业、社会保障、扩大对东盟国家的开放交流等方面为南宁经济发展提出自己的建议，或引导学生以某某厂的沉浮（包括厂房、设备、产值、利润与工资等，最重要的是管理机制的变化、经验教训等方面）为题写出对策与建议，让学生把对历史的了解、理解转化为自己的见解。

（三）提出报告与提案的行文格式

前言（调查者身份、调查的起因、时间和地点、对象或范围、中心问题）；主体（调查研究的基本过程、各种认识与结论）；结尾（提出解决问题的方法、对策或建议各问题启示等）。

（四）提供评价量规牵引规范学生的活动

从资料收集、资料整合、个人见解、行文表达等方面制定了优秀、良好、合格、有待努力四个不同的量规标准。

有了步骤、思路、格式、量规等帮助支架，学生的自主探究活动就有路可走，有规可循，有努力的方向了。写出《关于南宁经济问题及对策的分析》的调查报告与提案，有对现实南宁经济问题的思考，有对历史经验教训的汲取，提出的对策明确、有参考价值。

五、激发学生兴趣——求趣

从历史学角度看，生活化历史课程资源开发利用尽量要求典型，以此实现历史求真价值。但从教育学的角度看，学习资源的呈现必须生动有趣，通俗易懂，让学生乐学、会学与学会。否则，即使材料很典型、很有教育意义，学生理解不了也白搭。教育本质就是一种情境创设，用典型的形象，生动的场景，触动学生心理，激发学生情绪，引发情感体验，形成一定态度，培养正确的价值观，从而促进学生心智的健康发展。

2015年，笔者在讲述辛亥革命的宣传发动时，借用了孔繁刚老师曾用过的一个人物细节进行细腻描绘：

陈天华（头像），在1905年12月，为抗议日本政府取缔留学生规则，激励中国学生"共讲爱国"，在日本东京大森海湾跳海自尽。1906年5月，陈天华的灵柩从日本启运，经上海、武汉运回故乡长沙安葬。一支浩浩荡荡的送葬队伍涌出长沙城，徐徐向岳麓山移动。队伍的前导是由众人抬着的一具灵柩，跟随者大都披麻戴孝，举着旗帜、挽联、祭幛，延绵十余里。涟涟湘水，回响着悲怆的挽歌；巍巍岳麓，宛若披上缟素。这哀伤而动人的场面，使沿途被官府派来阻止葬礼的巡警呆立一旁不敢干涉。葬礼开始后，主祭人讲到陈天华不惜跳海殉身时是泣不成声，下面送葬的数以千计的中小学生是号啕大哭……

这具体生动的情境迅速把学生的思绪带到当时的历史之中，当描绘完陈天华的葬礼时，有的学生已经是泪珠在眼眶里打转了。当同学们高声朗读完"浩气长存"的评论时，对烈士为革命献身精神的敬佩之情已溢于言表了，把激动感动之情感顺势提升为担当奉献的价值观。

趣味性原则应把握好三个维度：首先有兴趣，能激发学习动机，使学生感受到学习的乐趣。其次有情趣，调动学生生活经验，形成切身的体验。最后有理趣，从多角度探寻资源背后的信息与意义，形成有深度的感悟，有高度的认知。

学生学习的热情需要教师来调动，教师凭借饱满的热情、渊博的知识、风趣幽默的个性赢得学生喜爱，教师为学生营造了愉快热烈的课堂氛围，调动学生学习的热情。兴趣需要资源来激发，不能课本来课本去，左一个概念右一个理论，必须选择学生身边的生活化的，图文、音像等多样化的，充满趣味性、生动性、有用性的课程资源，将有意义的问题以有趣的方式提出来，有利于提高学生学习的热情。

围绕教材的核心知识或核心概念，选择生动的材料，以有趣的方式呈现，使简略的历史教材变得实在而鲜活，使拘谨的课堂趋向活跃。通过音像资料或图形图表，再现重要历史场景和人物活动过程，使历史变得形象丰满，生动有趣，便于学生观察与读取历史信息。这样，就能使学生乐于学习、便于学习，调动他们思维参与的积极性。这些生活化的资源更能建立起学科知识与生活经验沟通的桥梁，有助于学生理解那些艰深难懂的历史概念。如对于宋明理学的许多概念，理论讲解就不如几个小故事来得有效。看以下一个小故事：王守仁的弟子有一次半夜捉到一个小偷，便开始对小偷讲"良知"的道理。那小偷不以为然地笑着问："请问，我的良知在哪里呀？"当时天气很热，王守仁的弟子就请小偷脱去外衣，随后又请他脱去内衣，小偷都照办了。接着又请小偷把裤子也脱掉时，小偷却怎么也不肯了。这时，王守仁的弟子便对小偷说："看，这就是你的良知啊！"听完这个小故事，学生自然而然就明白良知是羞耻之心了。

生活化历史课程资源激发学生学习兴趣不是目的，而是降低知识难度，促进学生理解历史、领悟历史的手段。让学生悟出生动材料背后蕴含的道理与意义，把历史趣味变得有深度，这就是追求资源利用的理趣了。

六、用量适度性——适度

教学资源开发利用不易过度化。过分强调学生源于生活的独特见解、忽视对教材文本的基本尊重，联系实际却脱离了课文。大量缺乏典型性和适切性的材料，导致课外资源喧宾夺主，冲淡教学主题的局面。生活化历史课程资源的开发运用，不仅要找到丰富的课程资源，更要根据本课主题，整合各种教学资源，使课堂教学过程简练而深入。

（一）合理定位课内外课程资源

生活化历史课程资源开发利用，应该确立教材为主、课外为辅的原则。挖掘利用生活化的课程资源时，必须聚焦教材的核心知识，围绕中心立意进行资源的开发与应用。开发课外资源是为了让学生重返知识现场，联结现实生活，经历习题训练。即通过补充课外资源，让教材知识回到当时的知识背景中，把教材知识与现实生活联结起来，将教材知识运用于练习实践中，实现感性与理性结合，使理解在运用中加深，提升教学效果必须限制课外资源的数量，每节课运用课外资源不超过四则，每则不超过150字，以免喧宾夺主掩盖课文文本主旨，这样能防止占用时间过多，影响其他探究活动。

（二）精选材料，精讲精练

贪大贪多，拿不准主题与重难点，不了解学生的学习起点，样样都怕学生不懂，采用资源过量，探究内容过多，讲解问题过细，方法过于单一，难以完成任务，没有一样深入展开，把课堂变成行色匆匆的过客……

南宁一位校长多次谈到他常年观察发现的教学现象：甲教师上课崇尚滴水不漏，知识点讲得精细、到位，课文分析全面、透彻，无不穷形尽相。甲教师的想法是，我该做的已做了，尽到心意了，其他的就交给学生了。乙教师上课却崇尚点到为止，筛选最精要的知识点与学生共研，挑出最典型的与学生一起品味，讲解只是观其大略，分析只是以一当十，留给学生巨大的空间去阅读、体验、思考、想象与感悟。乙教师的想法是，师父领进门，修行在自身。这两位教师都尽心了，都想为学生好，不过是一个尽心尽力，一个却尽心遗力，结果却是尽心尽力的教师白费气力，尽心遗力的教师硕果满怀。原因何在？教师为了让学生少走弯路，讲得过多过细，面面俱到，苦苦相教，使学生失去了自主探究过程，失去了经历失败吸取教训的机会。教师的教学可能很精彩，学生却很无奈，获得的最终结果是失败。

针对以上问题，我们唯一的对策就是一个字"精"。我们既不能"教教材"，也不能"到处都是教材"，千万别盲目贪多求大，用堆积的材料淹没了流畅的教材，加重学生的负担。为了成就学生的聪明，不妨掩盖一下教师的聪明，为了成就学生的表达，必须减少教师的讲述与资源。

一是多留时间和空间给学生，精心塔建活动的平台，让学生有更多动脑、动口、动手的机会，或阅读、或思考、或讨论、或展示等，有实践与创新空间。

二是在研究教材的同时，多研究学生，要花大力气研究如何激发学生自主学习、合作探究的动机问题，如学生活动的开展、学生参与面扩大、教学语言修炼、使用好赏识语、问题展示、课堂氛围、环节的掌控，等等。要保证学生积极参与，热情高涨。

三是关注并记录课前、课中、课后学生的表现，特别是学生对本课内容有哪些疑问与困难，有哪些具有挑战性的问题，以此作为新的课程资源，然后通过反思与集体再备课，给其他老师分享学生的精彩瞬间，找到帮助学生学习的对策。

七、时机恰当性——适时

生活化历史课程资源只有在合适时间、合适地点展出，才能实现其作用的最大化，正所谓"好雨知时节，当春乃发生"。生活化历史课程资源在合适时机、合适场所以合适的形式呈现，便犹如神来之笔，对课堂教学起到画龙点睛的作用。

生活化历史课程资源开发利用的适时性，考验教师的机智与能力。如南宁市第二中学的罗晓聪老师在上"马克思主义的诞生和社会主义运动的发展"一课时，原计划是逐步进行的，在讲完欧洲三大工人运动为马克思主义诞生奠定政治基础后，正准备讲授马克思主义的思想来源。突然，一位学生提出疑问："为什么法国工人运动是暴力形式，英国工人运动则是和平合法的请愿呢？"

罗老师捕捉住这一难得时机，决定调整上课节奏。他肯定了学生的提问的价值，反问道："那么大家思考一下，为什么这两个国家的工人运动会有这样的差别呢？"引导学生从两国的历史文化传统、民主政治制度的成熟度、工业经济发展水平方面来分析。本课没按计划上完，到底是成功还是失败呢？面对学生提出意想不到的问题的情况，是先解决教材问题还是学生的问题呢？这涉及教学预设与教学生成问题，涉及谁是课堂的主体问题。罗老师抓住学生闪现的思维火花，作为拓展学习的课程资源，拓宽问题思维，引导学生进行探究活动，把学生瞬间的火花燃成熊熊大火。

八、条件可行性——针对

条件的可行性就是资源开发利用的可操作性原则。课程资源多种多样，就算是同一资源，对于不同课程也有不同的用途和价值，因而课程资源具有丰富性与多质性的特点，即要以多种多样的形式把不同类型、不同区域的课程资源充分挖掘出来，提高教育教学质量。生活化历史课程资源的开发利用，必须针对本地区的课程资源的特点、本地区乡土文化精神培育的目标、本地区教育教学条件。

（一）针对本地资源特点，确立开发利用的目标

课程资源开发是针对学生终身学习与发展需要而进行的，其针对性一般包括针对学生的需要、针对学生当前的水平与能力、针对教学目标、针对区域特点等。地方生活化历史课程资源开发利用的针对性主要体现在三个方面：一是针对特定地区生活化历史课程资源的特点。这些特定地区生活化历史课程资源有着独特的活动性、趣味性、乡土性，甚至有民族性。抓住这些特点加以利用，才能达到寓教于乐的效果。二是针对一些地方教育中培养乡土文化精神的目标。乡土精神附载于各地大自然之中，依存于丰富多彩的农村生活，所以特别需要学生走村进寨，投入大自然的怀抱之中，亲身参与到地方的生活之中，这样才能体验其文化内涵，感悟出乡土文化精神。三是针对地方教育教学条件。城乡之间在课程资源存在方式、结构上都有极大的差异，各有短长，各有特点。农村地区的历史教师要扬长避短，因地制宜，发挥乡土文化丰富的优势，充实历史课程资源。

（二）教育开发与经济开发相结合

地方生活化历史课程资源的开发要与贯彻经济性原则结合起来。这里的经济性原则除了开支的经济性、时间的经济性、空间的经济性和学习的经济性外，主要还在于开发历史课程资源的过程中，在开发出教育意义的同时，又开发出经济价值来。

一些神话传说、民间故事往往与当地的山水等联系在一起，使自然风光带上历史光环，形成山从史中来，史在山中驻的奇妙结合，赋予当地奇丽山川以艺术生命。历史文化因自然风光有了永久的承载，形象化便于感受其教化作用。自然风光因历史而有了深度，获得了感人至深的永恒魅力，形成当地的旅游特色和优势。开发农村地区生活化历史课程资源，可在教育过程中为地方经济发展献计献策，如充分利用农村地区传统文化中最有特色的部分，改造出人文景观，开发文化产品、特色商品，发展旅游业等。

地方生活化历史课程资源的开发正符合游人由欣赏山水风光逐步转向体验风土人情的新趋势。弘扬家乡名人懿行，从名胜古迹的名称及形状等发掘其历史故事与传说，阐发其蕴含的人生哲理，实现其教育意义。通过撰写与历史事件有关的名胜导游词，展示名胜古迹的历史资料与研究成果，发掘出当地历史文化精神，提高旅游风景的文化品位。这种开发活动可成为当地旅游发展的又一推动力。

（三）针对课程改革的进程，循序渐进实施

从评价看，有旧评价体制阻碍问题。教育改革实验与现行考试制度的矛盾，特别是在高考升学压力大的农村地区，各种人为的干扰太多，还难以协调此种关系。因此，还得考虑到梯度问题，考虑到高考改革仍在进行中，各地师生缺乏地方史知识和地方生活化历史课程资源开发能力，所以应通过实验，逐次推进，不能想着一步登天，要让师生们有一个适应的过程。

从整个社会看，有环境问题。一些以农村生源为主的学校，"跳农门"的强烈愿望使开发生活化历史课程资源的难度更大，学校与教师承受着政府、社会、家长有关高考的重重压力，无暇进行课程改革，更难以开展生活化历史课程资源开发活动。家长受应试教育影响至深，对开发生活化历史资源，提高人文素养不感兴趣，还担心影响子女的考试训练，这对课程改革有一定的阻力。在这些学校进行历史课程资源开发更不能急，只有与教学评价制度改革逐渐同步起来，才能顺利进行。

从师资力量看，有意识问题。一些欠发达地区的学校缺乏新理念、高素质的师资队伍。许多人还存在"教课文"的旧理念，所谓创新也不过是分析教材理清线索，便于学生快速掌握而已，形成了"教教材、学教材、考教材"的教学与评估习惯。笔者曾进行过访谈式的暗中调查，大多教师对探索性的教学改革有一定的排斥性，认为此种教学方法不符合有高考任务的中学。笔者在桂林与贵港两所学校进行开发实验时，也有相当多教师对教学改革怀有很大的疑虑。开发生活化历史课程资源还必须与师资的校本培训结合起来，提高整个教师队伍的课程资源意识与开发能力。

从学生学习方法看，有习惯问题。长期以来，学校教学活动都是教师先精研教材和梳理知识，然后"喂养"学生。学生养成了依赖教师，

依赖教材的习惯。因此，仅仅是教师改变观念，放权于学生，就想一放就灵，是不现实的，培养学生良好的学习习惯还有一个过程。

因此，生活化历史课程资源开发利用要制定短期与长期目标。长期目标一时难以实现，可以通过研究性学习活动，把活动内容与过程总结下来，形成校本课程开发，先实现阶段性的成果，以便今后的积累、推进。

第二节　生活化历史课程资源开发利用的社会机制

生活化历史课程资源开发利用，包括三个方面的内容：学校是生活化历史课程资源开发利用的主导力量；社区为生活化历史课程资源开发利用提供重要环境；家庭是生活化历史课程资源开发利用的支持力量。三者的良好互动形成生活化历史课程资源开发利用的社会机制。

一、开发利用的因素：开发的力量及环境

（一）主导力量

学校是生活化历史课程资源开发利用的主导力量。学校的管理者起支持作用，没有学校的支持，师生开发课程资源的工作就没有安全与经费上的保障。学校可通过加强校园文化、潜在课程、地方与校本课程建设以及加强课内外联系，为生活化历史课程资源开发创设良好的环境，形成互相支持的开发机制。学校还可以通过改革教育教学评价机制，支持历史教师进行课程资源开发。

教师是生活化历史课程资源开发利用的主力。课程能否实现动态与再创造，教师是最关键因素。教师本身作为课程资源，其才干、情感态度、教学风格、个性特征都是课程资源的构成部分。从教师作为开发者的角度看，他们不仅是把自身的资源渗入课程之中的开发者，还是学生开发课程资源的指导者和带路人。因此，教师是最主要的课程资源及课程资源开发者与利用者。

学生是生活化历史课程资源开发利用的生力军。不仅要看到学生是课程资源的最终消费者，更要认清他们也是重要的开发者。学生人数多，涉及方面广，交往越来越频繁，获取知识与信息的渠道越来越多，因此，只要发动学生参与开发资源的活动，教师再加以指导，就可以收到意想不到的成效。近些年，我国一些地方的历史教师也开始注意发动学生搜集本乡本土的文物和参观当地遗址、遗迹，从不同层面和角度为学生提供了学习和理解历史的素材①。

（二）重要环境

乡村或社区是生活化历史课程资源开发利用的重要环境。乡村或社区可以为生活化历史课程资源开发利用提供图书馆、场所、基地等活动空间，提供开发的环境与氛围，提供丰富的人力资源，包括党政干部、企业界人士、专家学者、离退休干部、乡村德高望重的老者等。

（三）支持力量

家庭是生活化历史课程资源开发利用的支持力量，家长对开发历史课程资源的态度更是开发工作进行的重要保证。没有家长的支持，生活化历史课程资源开发就会因缺乏动力而面临压力。家庭本身也是历史学习的一种课程资源。家庭里不同时代的老照片、实物、长辈的回忆、家长的见识与文物收藏等都可以在不同程度上有益于历史学习。现代家庭的文化用品与家居环境也是有特色的历史课程资源。

二、开发利用的机制：学校、社会、家庭的有效互动

由于学校、社会、家庭三者在课程资源开发利用中有着不可或缺的作用，又互为补充，因此，就必须打破学校、教室与教材的框条束缚，构建以学校为主导力量，以社区为重要环境，以家庭为支持力量，学校、社会和家庭共同开发、共享资源的地方生活化历史课程资源开发利用机制。

（一）建立学校与社会的互动机制

一是设立机构，明确制度，形成长效机制。

鉴于生活化历史课程资源开发利用的复杂性，其运作方式可先从政

关注身边生活　演绎精彩历史

---

① 朱煜：《历史学科课程资源的开发与利用》，《课程·教材·教法》2002年第9期。

府牵头、学校主动争取起步，然后逐渐发展到社会与学校自主互动机制。建立由政府统筹各部门负责人组成的生活化历史课程资源开发利用委员会，负责提出方案、宣传、推广、协调和督察工作，同时，明确规定各方的责任和义务，形成资源共享的教育向社会开放、社会向教育开放的互动有效的生活化历史课程资源开发利用机制。

二是整合当地教育人力资源，服务当地创新教育。

社会可为学校教育提供丰富的人力资源，许多社区有很多经济能人、退休教师以及德高望重的老者等，他们的阅历本身就是丰富的历史课程资源，又有较强的组织与感召力、高涨的工作热情，能较好地对学生进行教育。问题是社区缺乏协调这些资源的热情与能力，如何借鉴城市社区教育资源开发的经验，把社区这些丰富的历史课程人力资源以灵活多样的形式整合起来，推动学校历史教育的发展，是当前急需解决的问题。

三是建立社会与学校的互惠关系。

学校与社会的交流应是双向互利，互动发展的，社会为学校教育提供丰富的课程资源，学校也要发挥自身教育优势为当地经济及社会教育服务，实现课程资源开发利用的最大化。这种互惠关系是社会课程资源整合的不竭动力。

1.社会各部门向学校开放，提供稳定的社会实践基地和便捷的资源。

首先，当地社会各单位所拥有的课程资源应免费为学校开放，尤其是各县市区的图书馆、档案馆、文史馆、展览馆、党史办以及有文物胜景的公园应有所作为，表现出服务于教育的主动性。其次，各单位应对资源进行有利于学生利用的整理与呈现。制定有利于学生学习的参观利用指南，将各种主题的资源以文字等形式介绍给学生，增强学生参观学习的实效。最后，利用网络技术提高社会课程资源的利用率。设法将各单位的资料数字化，实现资料上网，按教育性、实效性与科学性的要求创建当地社会课程资源库，方便教师和学生进行信息的查询和利用，从而提高学习效率。同时，通过互动的窗口，学校师生也可以将教学成果整理成文，上传到当地社会课程资源库中，从而实现资源的共建、共知和共享。

2.学校发挥教育优势，促进社区社会教育发展。

学校可以在一定时间内向社会开放教室、图书室、操场等活动场所，使民众在节假日与休息日能够学习。学校还可以组织学生参与社会教育活动，帮助社会搞文化宣传、培训活动，研究社会各种事务，提出合理化建议。在这方面，学校历史教师与历史教研室必须做好长期规划，可分期分批对当地历史文化资源进行研究开发，为当地经济与教育发展提供智力上的支持。如让学生义务为公园、历史文化遗址做介绍、宣传，把学生进行研究性学习的相关成果在公园内展示，形成公园教育旅游的一大亮点，实现旅游与教育的双赢格局。

（二）建立学校与家庭的互动机制

学生家长是支持学校教育的热心者。学校与有一定历史文化爱好的家长和亲友建立联系，有利于配合学校进行历史教育。鼓励学生编写家庭历史，用马克思主义的历史观参与族谱的编写工作，挖掘家庭家族历史资源，既有利于帮助学生了解社会，又宣传了家庭与家乡，促进了爱家乡爱家庭的思想教育。鼓励家长多购置学生喜爱的历史书籍、杂志、音像资料等，开拓学生视野。

总之，通过互动机制的建立，协调了学校、社会和家庭的诸多关系，形成生活化历史课程资源开发合力。既延展、补充了学校教育工

关注身边生活　演绎精彩历史

上林县赠送给南宁一中历史组的徐霞客研究资料

作，又提高了学生社会实践活动能力，还有利于学校附近社区的环境优化，形成学生高兴、家长满意、社会认可的三赢的教育局面。

生活化历史课程资源开发的开放性要特别强调以下几点：

（1）组织学生走出校门，进村庄、进家庭，投入大自然的怀抱，充分利用农村生产生活中存在的各种自然与人文的历史课程资源，把物品的、文本的、口碑的、活动体验性的历史课程资源综合起来，协调运用，发挥历史教育的最大功能。

（2）学校历史教育要主动向社会开放，与乡村地区社会各界建立互惠互利、资源共享的农村生活化历史课程资源开发利用机制，实现学校与乡村社会教育的互相开放。

第三节　生活化历史课程资源开发利用的成效与困难

笔者在近几年有关"生活化历史课程资源开发利用"的研究与实践过程中，得到南宁市第一中学、贵港市江南中学全体历史教师的大力支持，还得到桂林市第十四中学的唐小玲老师、桂林平乐县二塘中学李志强老师、南宁市第三十五中学张丽红老师、钦州市小董中学苏征明老师的鼎力协助，在各校分别选取了高一、二年级各一个班作为实验班，进行生活化历史课程资源开发利用的课堂教学与研究性学习活动，以开发利用生活化历史课程资源为自变量，以在此过程中学生对历史学习兴趣的变化、历史思维能力的培养、历史课程目标的实现为因变量，通过实践观察、问卷调查、交流访谈、学业测试等形式分析前者的开发利用程度对后者所起的作用，从而检验本课题研究成果的实用性。笔者发现，生活化历史课程资源的丰富性出乎预料，其对学生的终身学习、教师的专业成长、学校的发展有着极大的推动作用。经过两年的实验，原来枯燥乏味的历史课变得丰富生动了，"无用"的历史课变得十分有用了，历史教师在学生心目中的地位也提升了。笔者在专家学者们有关课程资源开发利用一般途径与规律的基础上，以一个教学实践者的身份，投入到生活化历史课程资源开发活动之中，用理论指导实践，用实践的教案来阐析理论，找到了生活化历史课程资源的独特性，确立了开发生活化历史课程资源的各种主题，探索出开发利用的一些途径与策略。这些途径与策略，各有其特定范围和独特的作用。研究与实践证明，开发生活化历史课程资源的活动符合历史学科学习的规律，有利于提高学生从收集资料到鉴别加工再到运用资料的学科能力，为新课程改革从文本课程向体验课程的转换提供了操作平台，为全面实施素质教育、提高学生的探究与创新学习能力提供了载体。笔者所在学校还以此为契机开发出大量的历史课程资源，汇编了一批校本资料。在研究实验中，参与实验学校的学生学习历史的兴趣得到激发，历史学习开始了真正的转变，历史思维能力也有了一定的提高，学校办学特色也日渐显现。

但是，我们在研究与实验过程中也面临极大的难题：在现行的教育评价机制下，开发工作的巨大投入如何得到回报？处理不好，就难以维持社会各界与学校师生开发生活化历史课程资源的热情与动力。针对生活化历史课程资源如何推广、靠什么力量来推广，目前还缺乏一个有效的机制。开发出来的生活化历史课程资源如何与国家课程相融互动，还有待在实践中进一步磨合。中学师生很难接触到国外开发课程资源的有益经验，这又进一步增加了探索的难度。以上存在问题还有待进一步的研究与解决。